ब्रह्म- यात्रा अभिलाषा से मोक्ष की, मातंगों के साथ

IMMORTAL HANUMAN RETURNS TO DELIVER SUPREME KNOWLEDGE THROUGH THE DIALOGS OF MAHTANGS (VOLUME 2)

निशांत पांडेय

CHINMAY MANDAL

SWATI SHARMA

BALAJI VEDARETHINAM

क्रम-सूची

प्रस्तावना

इस रहस्यमयी कथा के अगले Volume में प्रवेश करने से पहले, आइए थोड़ी देर के लिए वहाँ लौटें जहाँ से यह सब आरंभ हुआ — यानी *"ब्रह्म – यात्रा अभिलाषा से मोक्ष की, मातंगों के साथ"* (Volume 1)। यह केवल कथा नहीं थी, बल्कि एक **प्रकाशपुंज** था — जहाँ चिरंजीवी हनुमान जी ने हमारे समक्ष **कर्म, आत्मा और मोक्ष** के गूढ़ रहस्य प्रकट किए।

Volume 1, जो अध्याय 1 से 7 तक फैला है, हमें एक ऐसी आध्यात्मिक यात्रा पर ले गया जहाँ आत्मा के स्तर पर छिपे सत्य धीरे-धीरे उद्घाटित होते गए:

- **अध्याय 1** में चिरंजीवी हनुमान जी का पुनः प्राकट्य हुआ — वे एक सामान्य स्थान पर नहीं, बल्कि मातंगों के एक प्राचीन समुदाय के बीच प्रकट हुए, जिन्होंने अपनी चेतना को उच्च स्तर पर साधा था।

- **अध्याय 2** में आत्मा की गहराइयों में छिपे भ्रम और पीड़ा को उजागर किया गया, जहाँ हनुमान जी ने बताया कि हमारा "मैं" — केवल शरीर या स्मृति नहीं, बल्कि एक **प्रवासी** चेतना हो सकता है जिसे किसी विशेष उद्देश्य से भेजा गया हो।

- **अध्याय 3** में *काल के अदृश्य जाल* का रहस्य सामने आया — कि कैसे समय की डोरियाँ आत्माओं से जुड़ी होती हैं और प्रेम, यदि गहरा हो, तो ब्रह्मांडीय नियमों को भी चुनौती दे सकता है।

- **अध्याय 4** ने *आत्मिक उपस्थिति की जटिलता* को उजागर किया — जहाँ एक ही शरीर में एक से अधिक आत्माएँ वास कर सकती हैं। शारीरिक और मानसिक संतुलन आत्मा की शांति के लिए अनिवार्य है।

- **अध्याय 5** में पहली बार यह बताया गया कि आत्मा देह से बाहर निकलकर उड़ सकती है। हनुमान जी ने उर्मी को सिखाया कि वह केवल देह नहीं, बल्कि चेतन आत्मा है जो यदि चाह ले तो किसी भी रूप में जाकर वापसी कर सकती है।

- **अध्याय 6** में 33 करोड़ *सूरों* और *असुरों* का रहस्य प्रकट हुआ। यह बताया गया कि ये सूक्ष्म शक्तियाँ कैसे हर मनुष्य की चेतना, नींद और निर्णयों को प्रभावित करती हैं। असुरों का कार्य केवल डर फैलाना नहीं, बल्कि विचारों को विचलित करना भी है।

- **अध्याय 7** में वसंथा और उसके परिवार की करुण कथा के माध्यम से *रत्नों, पूर्वजों और आत्मा की अपूर्ण इच्छाओं* की चर्चा हुई। इसी अध्याय में हनुमान जी ने *अपने बाल्यकाल में सूर्य को निगलने* की घटना का भी रहस्योद्घाटन किया, और उसे वनरों के दृष्टिकोण से समझाया — जिससे यह ज्ञात हुआ कि किसी घटना को समझने के लिए उसका गूढ़ कारण और उसके पीछे की चेतना को जानना अनिवार्य है। यह अध्याय यह भी स्पष्ट

करता है कि जब तक आत्मा की एक भी इच्छा शेष है, तब तक मोक्ष संभव नहीं।

अब समय है इस यात्रा के *दूसरे आयाम* में प्रवेश करने का — Volume 2 में।

यह खंड न केवल घटनाओं को आगे बढ़ाता है, बल्कि उन गूढ़ प्रश्नों के उत्तर भी खोजता है जिन्हें Volume 1 ने जन्म दिया था:

- क्या आत्मा की इच्छाएँ ही उसकी गति को बाँधती हैं?
- क्या कोई मनुष्य अनजाने में असुरों के प्रभाव में रह सकता है?
- और सबसे बड़ा प्रश्न — क्या हर आत्मा मोक्ष प्राप्त कर सकती है, या कुछ आत्माएँ केवल किसी उच्च उद्देश्य की पूर्ति हेतु बार-बार इस संसार में लौटती हैं?

यदि आपने Volume 1 को अंतर्मन से पढ़ा है, तो Volume 2 आपके लिए एक **अनुभव** बन जाएगा — केवल कथा नहीं, बल्कि आत्मा के स्तर पर आत्मसाक्षात्कार की यात्रा।

हनुमान जी अब भी हमारे साथ हैं — केवल पात्र नहीं, बल्कि **पथप्रदर्शक** चेतना के रूप में।

यह ग्रंथ हनुमान जी द्वारा प्रकट ब्रह्मज्ञान पर आधारित है — वह दिव्य ज्ञान जो मातंग परंपरा, सुर-असुर सिद्धांत, और आत्मा की मोक्ष यात्रा को नई दृष्टि प्रदान करता है।

यह कथा **मनुष्य** की जिज्ञासाओं, उसकी अभिलाषाओं, और अंततः **मोक्ष** की ओर अग्रसर चेतना को दर्शाती है।

हनुमान जी के माध्यम से व्यक्त यह ज्ञान न केवल शाश्वत सत्य को उजागर करता है, बल्कि यह भी सिद्ध करता है कि हर **आत्मा** के **भीतर ब्रह्म के दर्शन** संभव हैं, *यदि वह स्वयं को पहचानने की इच्छा रखे।*

इस पुस्तक में वह गहराई संजोई गई है जो प्राचीन ऋषियों की वाणी, मातंगों की परंपरा, और हनुमान जी की चिरंजीवी चेतना से निकलकर आज भी संसार को आलोकित कर रही है।

यह केवल एक कथा नहीं — यह आत्मा से ब्रह्म तक की यात्रा है।

- जय सिया राम !!

1

मकरध्वज उनके पुत्र नहीं थे, चिरंजीवी हनुमान जी ने किया खुलासा।

जब 6 ब्राह्मण अर्पण के फलों का वितरण करके हनुमंडल में वापिस आ गए , हनुमानजी ने यजमान बसंत से कहा - "हे यजमान , जिस श्रद्धा भाव से आपने इस अर्पण के रूप में अपने कर्मों को समर्पित किया है उसे मैं प्रसनातन्न हूँ , बोलो प्रसाद के रूप में क्या पाने की इच्छा रखते हो ?"

यजमान बसंत खड़े हुए | एकबारगी तो वे हनुमानजी से अपने खोये हुए रत्न मांगने को हुए किन्तु तुरंत ही मन बदला | हाथ जोड़कर बोले - "हे प्रभु, परम ज्ञान ही वह प्रसाद है जिसकी हम मातंग इच्छा रखते हैं | मुझे भी उसी ज्ञान की इच्छा है जो मोक्ष की ओर ले जाता है | हनुमानजी मुस्कुराए | यह स्पष्ट नहीं था कि वे यजमान बसंत की रत्नो की अव्यक्त इच्छा पर मुस्कुराये या ज्ञान की व्यक्त इच्छा पर | वे बोले - "अपने स्थान पर बैठ जाओ यजमान |" जब बसंत बैठ गया हनुमानजी हनुमंडल में उपस्थित सभी मतंगो को संबोधित करते हुए बोले - "मैं आपको रामायण की वह कड़ी बतलाता हूँ जो केवल भाग्यवान मानव समझ सकते हैं | मैं आपको रामायण की पाताल कड़ी बतलाता हूँ |

हनुमंडल में सभी प्रभु की ओर उत्सुकता से देख रहे थे | होतर उर्वा की उत्सुकता का कोई ठिकाना नहीं था | वह खड़ा हुआ और बोला - "हे प्रभु , मैं पाताल कड़ी को हमेशा से समझाना चाहता था लेकिन बाबा मातंग यह कहकर बताने से इनकार कर देते थे कि यह निषेध है | हे प्रभु , इस कड़ी में ऐसा क्या है कि यह निषेधित है ?" इससे पहले कि हनुमानजी उर्वा को कोई उत्तर देते , बाबा मातंग खड़े हुए , हनुमानजी के सामने सिर झुकाया (आज्ञा लेने हेतु) , फिर उर्वा की ओर मुड़कर बोले - "हे होतर, जो इस कड़ी को अच्छे से जानते हैं वे बहुत कम हैं, और जो इस कड़ी को सही से बता सकते हैं वे केवल चिरंजीवी हनुमान हैं | हम वरिष्ठ मतंगो ने

41 साल पहले यह कड़ी प्रभु से सुनी थी , हम इस कड़ी को बताने के योग्य नहीं हैं | इसलिए इस कड़ी को हमेशा 'चरणपूजा बही' के निषेधित हिस्से में रखा जाता है |

हनुमानजी ने बाबा मातंग के कथन को संशोधित किया - "बाबा मातंग , मैं उस कड़ी का भाग था इसलिए मैं इस कड़ी का सहायती विवरण करने में समर्थ हूँ , लेकिन यह सत्य नहीं है कि ऐसा केवल मैं कर सकता हूँ| ऐसी कई महान आत्माएं हैं जिन्होंने काल पर विजय पाई है -- उदाहरण के तौर पर महान ऋषि व्यास | उनकी आत्मा अब भी इस मानव लोक में है और वे जब चाहे देह धारण कर सकते हैं | वे भूतकाल में जाकर रामायण , महाभारत, तथा अन्य कालों की घटनाओं को ऐसे देख सकते हैं मानो वे अब भी घटित हो रही हों | वे इतिहास के किसी भी काल का सहायती विवरण दे सकते हैं |

मातंग अपना कथन हनुमानजी के शब्दों के प्रकाश में संशोधित करते हुए बोले - "मैं क्षमा चाहता हूँ प्रभु | मैं कहना चाहता था कि केवल वे महान आत्माएं जिन्होंने काल पर विजय पाई है , पाताल कड़ी का सहायती विवरण कर सकते हैं | अन्य आत्माओं के लिए इसका विवरण करना निषेध है | हनुमानजी अब बाबा मातंग से सहमत दिखाई दिए | बाबा और उर्वा अपने अपने स्थान पर बैठ गए और हनुमानजी पाताल कड़ी सुनाने लगे| उन्होंने बाताया - "असुर , जो इस संसार में बुराई के लिए जिम्मेदार हैं , वे स्वभाव से एक बिखरी हुई सेना की तरह हैं : इस बिखरी अवस्था में वे एक दूसरे को ख़त्म कर सकते हैं जिससे संसार पर उनका सारा बुरा असर शून्य हो सकता है | लेकिन कोई है जो इनको संगठित करके संसार में बुराई फ़ैलाने में इनका नेतृत्व करता है | उनका नाम है शुक्राचार्य | वह इन असुरो के कप्तान है | वह संसार में व्यवस्थित रूप से बुराई फ़ैलाने के लिए असुरो का प्रयोग करते है | इसलिए वे भगवान् विष्णु का शत्रु है | शुक्र के द्वारा असुरो के हाथों करवाई गई इस व्यवस्थित बुराई को ख़त्म करने के लिए भगवान् विष्णु अवतार लेते हैं |

जब भगवान् विष्णु ने श्री राम के रूप में अवतार लिया तब शुक्राचार्य ने रावण को श्री राम के विरुद्ध प्रयुक्त किया | रावण बहुत बुद्धिमान और तेजबुद्धि था | शुक्र ने असुरों के द्वारा रावण की देह - मनुष्य- विवेक - संस्कार सबको अपने वश में कर लिया | उसके बाद उसने असुरो की सारी ताकत को रावण के साथ लगाकर रावण को भगवान श्री राम जी के विरुद्ध खड़ा कर दिया |

जब भगवान् विष्णु कृष्ण के रूप में आये तब शुक्राचार्य ने महाबली भीष्म तथा अन्य योद्धाओं को श्री कृष्ण के विरुद्ध लाकर खड़ा कर दिया | भीष्म बहुत ही शक्तिशाली थे और उनके अनुसार वे धर्म के अनुसार जीते थे | उनको तनिक भी भान नहीं था कि उनके विवेक पर असुरों ने कुछ इस तरह कब्ज़ा कर लिया था कि उनकी अपनी सत्यता के सिद्धांत शुक्राचार्य के षड्यंत्र के लिए प्रयुक्त किये जा रहे थे | द्रोण जैसे योद्धाओं के साथ भी ऐसा ही हुआ | शुक्राचार्य ने असुरों की सारी शक्ति इन योद्धाओं के साथ लगा दी थी | "रावण , भीष्म आदि का जो हश्र हुआ उसके लिए वे स्वयं जिम्मेदार थे क्योंकि उन्होंने अपने तन मन-विवेक पर असुरों का कब्ज़ा होने दिया | "शुक्राचार्य की अब तक की सबसे गूढ़ योजना

अभी भगवान् विष्णु के आने वाले अवतार कल्कि को अपने जाल में फंसाने के लिए बुनी गई है | भगवान् विष्णु के लिए सबसे बड़ी चुनौती है एक ऐसी औरत को खोजना जो असुरो के प्रभाव से पूर्णतः मुक्त हो; एक औरत जो भगवान् कल्कि को 9 महीने अपने पेट में रख सके बिना असुरों से प्रभावित हुए | इसलिए भगवान कल्कि का जन्म लेना ही महाभारथ युद्ध से भी बड़ी कवायद होने वाली है |

रावण शुक्राचार्य की दृष्टि में तब आया जब उसने अपनी अद्भुत समझने की शक्ति और बौद्धिक क्षमता का परिचय दिया। जब रावण लंका का राजा बना, तो उसने आसपास के राज्यों को जीतकर अपना राज्य शक्तिशाली बनाने की सोची। जिस दिन रावण अपनी सेना के साथ एक राज्य जीतने के लिए कूच करने वाला था, उससे पिछली शाम को शुक्राचार्य उससे मिले और पूछा — "दशानन, तुम्हारे आंकलन से तुम कितने दिन में इस राज्य को जीत लोगे? — राजा अर्क के राज्य को?"

रावण ने विनम्रता से उत्तर दिया — "आचार्य, राजा अर्क ने बहुत शक्तिशाली किला बना रखा है, वह भी घने जंगलों में। जंगल के सभी पशु-पक्षी राजा अर्क के वफादार हैं। अतः मुझे अर्क की सेना से ही नहीं, अपितु जंगल के खतरनाक पशुओं और जंगल के अन्य खतरों से भी लड़ना पड़ेगा। मुझे चुनौती का भान है। मैं यह डींग नहीं हांकना चाहूंगा कि मैं कितने दिन में वह राज्य जीत लूंगा, लेकिन इतना ज़रूर कहना चाहूंगा कि मैं वह राज्य संसार के किसी अन्य योद्धा से तेज़ी से ही जीतूंगा।"

"मेरा उद्देश्य तुम्हारे हौसले को तोड़ना नहीं है दशानन। लेकिन एक बार सोचो — इस संसार में हज़ारों राज्य हैं। सीधे युद्ध से तुम अपने जीवन में ऐसे कितने राज्यों को जीत सकते हो? हर युद्ध के बाद सेना को जान-माल का नुकसान होता है, जिससे उबरने में महीनों लग जाते हैं।"

यह शब्द बोलते ही शुक्राचार्य की आँखें रावण के चेहरे पर आ रही प्रतिक्रिया को पढ़ रही थीं। थोड़ा रुककर शुक्र बोले —"हे दशानन, कौशल में तुम्हारा तप 100 मनुष्यों के तप के बराबर है। ज्ञान में तुम्हारा मस्तिष्क 10 मनुष्यों के बराबर है। तुम्हारे तन-मन की इस असाधारण योग्यताओं के बावजूद तुम अंततः एक मनुष्य हो। इस पूरे संसार की तुलना में तुम मात्र एक छोटा सा कण हो। अगर पूरे संसार को जीतना है तो तुम्हें अपने मानव तन-मन की सीमाओं से आगे जाना होगा।"

रावण ने अपने विचारों को सुनियोजित करने में एक पल भी नहीं लगाया और बोला — "आचार्य, शक्ति में मैं केवल एक मनुष्य नहीं हूँ, मेरी सेना के हज़ारों सैनिक मेरे लिए मरने को तैयार हैं। उनके तन-मन भी मेरे ही तन-मन हैं।"शुक्राचार्य बोले — "कल्पना करो कि तुम्हारी मनुष्य की नहीं बल्कि सर्प की देह होती। तुम राजा अर्क के पास बिना किसी रुकावट के पहुँच जाते, सेना की सहायता के बिना।

"लेकिन ऐसा कल्पना करने का क्या प्रयोजन जो संभव ही नहीं है? मैं सर्प की देह कैसे प्राप्त कर सकता हूँ? मैं तो मनुष्य हूँ," रावण शुक्राचार्य के शब्दों पर गहराई से विचार करते

हुए बोला। शुक्राचार्य बोले — "तुम मनुष्य नहीं हो दशानन। तुम एक आत्मा हो जिसने मनुष्य की देह धारण की है। यदि तुम चाहो तो इस देह को छोड़कर दूसरी देह पहन सकते हो। तुम राजा अर्क को मारने के लिए कुछ समय के लिए सर्प बन सकते हो। फिर तुम वापस मनुष्य की देह में आ सकते हो। "रावण बोला —"आचार्य, मुझे पता है कि मैं एक आत्मा हूँ। जिस प्रकार देह काल और स्थान के निर्देशांकों में विचरण करती है, आत्मा कर्म और इच्छा के निर्देशांकों में विचरण करती है। मेरी इच्छा और कर्म के निर्देशांक कुछ इस तरह हैं कि इस समय मैंने मनुष्य की देह धारण कर रखी है। मेरी सर्प की देह कैसे हो सकती है?" "तुम्हारे कहने का अर्थ है कि... इस देह में तुम्हारी सदा मनुष्य देह ही रही है... तुम्हारे जन्म से लेकर अब तक तुमने कोई और देह धारण नहीं की है... इस जीवन में?"

शुक्र ने पूछा। "अर्‌ ... नहीं... हाँ... मेरा मतलब है, हाँ, मेरी आत्मा ने इस जीवन में हमेशा मनुष्य देह ही धारण की है,"रावण ने हिचकिचाते हुए जवाब दिया।

शुक्राचार्य ने पैनी दृष्टि से रावण को देखा और बोले —
"तुम्हारा ऐसा कहना ठीक वैसा ही है जैसे कोई कहे कि उसकी देह हमेशा ज़मीन पर रही है। मत भूलो कि जब हम ज़मीन पर चलते हैं, तब भी हमारा एक पैर हवा में होता है। उसी तरह यह सम्भव है कि तुम्हारी आत्मा इस जीवन में मनुष्य देह के अलावा अन्य देह भी धारण करती हो। "रावण ने उत्तर दिया — "आचार्य, जहाँ तक मेरी स्मृति है, मैंने हमेशा मानव देह ही धारण किए रखी है।"

"क्या तुम अपनी स्मृति पर अपनी आत्मा से अधिक विश्वास करते हो?"

रावण के पास इसका कोई उत्तर नहीं था। कुछ क्षण के विचार के पश्चात शुक्र ने वर्णन किया — "हे दशानन, स्मृति केवल तुम्हारे तन-मन का एक गुण है। इस समय तुम्हारी देह कौन-सी है, यह तुम्हारे कर्म और इच्छा के निर्देशांकों पर निर्भर है। इसलिए तुम्हारी इस समय जो स्मृति है, वह भी तुम्हारे इस समय के कर्म और इच्छा के निर्देशांक पर निर्भर है।

जब तुम नींद में जाते हो, तब तुम्हारी आत्मा स्वप्न लोक में जाकर विभिन्न प्रकार की देह धारण करती है। तुम्हारी आत्मा स्वप्न लोक की सभी स्मृतियाँ इस देह में नहीं ला सकती। तुम्हारी आत्मा केवल वही स्मृतियाँ यहाँ लाती है, जिसकी अनुमति तुम्हारे कर्म और इच्छा के निर्देशांक देते हैं। "रावण आत्मा के ज्ञान का मर्म तुरंत समझ गया।

शुक्राचार्य के चरणों में घुटनों के बल बैठकर बोला — "आचार्य, मैं अपनी स्मृति से अधिक अपनी आत्मा पर भरोसा करता हूँ, और अपनी आत्मा से भी ज़्यादा भरोसा मैं आपकी दी हुई शिक्षा पर करता हूँ। कृपया मुझे शिक्षा दीजिए कि देह कैसे बदली जा सकती है।"

शुक्राचार्य ने पूछा — "तुम्हारी अर्क के राज्य में कैसे जाने की योजना है? क्या तुम्हें रास्ता मालूम है?"

रावण ने उत्तर दिया — "हाँ आचार्य, मेरे सेनापतियों ने सर्वेक्षण किया है और अर्क के राज्य में पहुँचने का सबसे उत्तम रास्ता पता कर लिया है।"

शुक्राचार्य ने वर्णन किया — "जिस तरह अर्क तक पहुँचने के लिए तुम अपने सेनापतियों पर निर्भर हो, वैसे ही अपनी देह बदलने के लिए तुम्हें असुरों पर निर्भर होना पड़ेगा। असुरों को पता है कि किस देह को धारण करने के लिए कौन-से कर्म–इच्छा निर्देशांक आवश्यक हैं। चिंता मत करो, मैं असुरों का गुरु हूँ। वे वही करेंगे जो मैं उनसे करवाना चाहता हूँ।"

"आचार्य, मैं स्वयं को आपको समर्पित करता हूँ। कृपया आदेश दें कि मुझे राजा अर्क का राज्य जीतने के लिए क्या करना चाहिए। अर्क का एक मंत्री अर्क के विरुद्ध है। वह अंदर से हमारी सेना की सहायता करेगा। अर्क को मारने के बाद मैं उस मंत्री को वहाँ का शासक बना दूँगा। वह मेरे अधीन रहकर वहाँ का शासन करेगा।" रावण ने कहा।

"तुम्हारी सेना अर्क के राज्य में नहीं जाएगी, दशानन। तुम अकेले वहाँ जाओगे, वह भी सर्प के रूप में, और रात में ही अर्क की हत्या कर दोगे। अर्क के उस विद्रोही मंत्री को संदेश भेज दो कि अर्क जैसे चूहे को मारने के लिए तुम्हें सेना की ज़रूरत नहीं है। वह चूहा आज रात ही मारा जाएगा। उसे कहो कि वह राज्य का नियंत्रण अपने हाथ में लेने के लिए तैयार रहे।" शुक्राचार्य ने निर्देश दिया।

रावण ने अर्क के राज्य पर सेना के हमले का विचार त्याग दिया। उसने शुक्राचार्य के कहे अनुसार एक बाज़ के माध्यम से अर्क के विद्रोही मंत्री को संदेश भेजा।

उस रात रावण आत्मा, देह तथा असुरों आदि के बारे में गहराई से विचार करते हुए नींद में चला गया। उसे उस रात विचित्र स्वप्न दिखाई दिए। उसने देखा कि राजा अर्क देवताओं से विशेष शक्तियाँ प्राप्त करने के लिए यज्ञ कर रहा है। अर्क ने सफलतापूर्वक यज्ञ पूर्ण किया और क्षेत्र का सबसे शक्तिशाली राजा बन गया। रावण ने अर्क का शासन स्वीकार कर लिया और उसके अधीन शासन करने लगा। इस भयानक स्वप्न से उसकी नींद खुल गई। भय के कारण उसके पसीने छूट रहे थे। उसने पानी पिया और फिर से नींद में चला गया।

स्वप्न फिर से शुरू हो गया और उसने अपने आपको अर्क के राज्य में रेंगते हुए देखा। उसने देखा कि वह अर्क के महल में किसी की गर्दन पर आक्रमण कर रहा है और उसकी हत्या कर देता है।

यह विचित्र स्वप्न पूरी रात चलता रहा। सुबह जब वह उठा तो उसने अपनी खिड़की पर एक बाज़ को पाया, जो अर्क के मंत्री का संदेश लाया था।

संदेश था —

"हे राजाओं के राजा, हे मेरे प्रभु — आप मृत्यु के देवता से भी अधिक शक्तिशाली हैं। आपने सचमुच अर्क को चूहे जैसी मृत्यु दी। एक कोबरा नाग ने कल रात उसे मार डाला। मैंने अपनी आँखों से आपकी जादुई शक्तियाँ देखीं और स्वयं को भाग्यशाली समझता हूँ। आप राजाओं के भी राजा हैं। मैं आपका शासन स्वीकार करता हूँ। मैंने अर्क के राज्य को अपने नियंत्रण में ले लिया है। मैं आपके शासन के अधीन अर्क राज्य पर शासन करूँगा। यदि आप आज्ञा दें तो..."

रावण को बाद में पता चला कि उस रात अर्क के राज्य में क्या घटनाएँ घटित हुईं। एक कोबरा नाग का जोड़ा अर्क के राज्य में रहता था। वे नागों के राजा थे और राजा अर्क के प्रति उनकी निष्ठा थी।

देर रात मादा कोबरा जगी और उसने नर कोबरा से कहा —
"मैंने सुना है कि राजा अर्क देवताओं से विशेष शक्तियाँ प्राप्त करने के लिए यज्ञ करने की तैयारी कर रहे हैं। उस यज्ञ में वह हमारे राज्य के सभी नागों की बलि देने वाला है।"

नर कोबरे को इस सूचना पर विश्वास नहीं हुआ। उसने राजा के महल में पूछताछ की तो पता चला कि अर्क सच में यज्ञ की तैयारी कर रहा था, जो अगली सुबह होने वाला था। इस धोखे पर नर कोबरा बहुत क्रोधित हो गया। वह राजा के महल में चुपके से घुस गया और अर्क की हत्या कर दी।

उस सुबह रावण सबसे पहले शुक्राचार्य से मिलने पहुँचा, यह जानने के लिए कि यह चमत्कार कैसे हुआ।

शुक्राचार्य ने बताया — "हे दशानन, कल रात तुम्हारी आत्मा उस समय मादा कोबरा की देह में घुस गई जब वह सोई हुई थी और उसकी आत्मा उसकी देह में नहीं थी। तुमने उसकी देह का प्रयोग करके नर कोबरा को झूठी सूचना दे दी। दरअसल अर्क की यज्ञ में नागों का बलिदान देने की कोई योजना नहीं थी।"

"...लेकिन आचार्य, मैं मादा कोबरा की देह में कब गया? मुझे तो कुछ याद नहीं है। मुझे तो सिर्फ इतना याद है कि मुझे कल रात कुछ विचित्र स्वप्न दिखाई दिए।" रावण खुशी में चिल्लाते हुए बोला।

अगले ही पल उसे अपने शब्दों में तर्क का अभाव होने का एहसास हुआ। उसने अपने शब्दों में संशोधन किया —

"इससे कोई फ़र्क नहीं पड़ता कि मुझे क्या याद है। क्योंकि मेरी स्मृति इस पर निर्भर करती है कि इस समय मेरी आत्मा के कर्म और इच्छा के निर्देशांक क्या हैं। हाँ... मैं अपनी स्मृति पर विश्वास नहीं कर सकता। मैं केवल आपके शब्दों पर विश्वास कर सकता हूँ। मैंने अपने जीवन में सबसे चमत्कारी अनुभव यह प्राप्त किया है।

आचार्य... आपने बिना सेना के एक राजा की हत्या कर दी।" "मेरे पास असुरों की सेना है, दशानन," शुक्राचार्य ने रावण को बताया —"यहाँ यह बताना ज़रूरी है कि मेरे असुर अकेले अर्क की हत्या नहीं कर सकते थे। तुम्हारी इच्छा और कर्म ही मुख्य हथियार हैं, जिनका उपयोग करके मेरे असुरों ने यह कार्य किया। तुम्हारी आत्मा की शक्ति, मेरे असुरों की शक्ति के साथ मिलकर इससे भी बड़ा कारनामा कर सकती है।"

"हे मातंगों, मैंने यह घटना इसलिए सुनाई क्योंकि यह पाताल कड़ी को समझने के लिए अत्यंत आवश्यक है। रावण की असुरों के मार्ग पर यात्रा इसी घटना से शुरू हुई थी। धीरे-धीरे असुरों ने रावण को पूरी तरह अपने नियंत्रण में ले लिया।"

हनुमान जी ने अति उत्सुक मातंगों की सभा को बताया। इससे पहले कि मातंगों में से कोई भी प्रश्न पूछता, हनुमान जी आगे बोलने लगे — "रावण ने बहुत जल्दी आसपास के राज्य जीत लिए और अपना शासन दूर-दूर तक फैला लिया... "एक दिन शुक्राचार्य ने रावण को एक ज्वालामुखी के पास वार्तालाप हेतु बुलाया। रावण ने हाथ जोड़कर वार्तालाप करना शुरू किया — "आचार्य, मुझे आपका यहाँ वार्तालाप के लिए बुलाने का प्रयोजन समझ नहीं आया। यहाँ बहुत गर्मी है। हालाँकि ज्वालामुखी यहाँ से बहुत दूर है, फिर भी उसका दृश्य ही किसी भी इंसान को ज़िंदा जला देने वाला प्रतीत होता है।"

"तुम अपने महल में अपनी विजयों पर कुछ ज़्यादा ही आनंद मना रहे हो। तो मैंने सोचा कि तुम्हें वास्तविकता का आभास कराना चाहिए, "शुक्राचार्य ने क्रोध में कहा।

रावण शुक्राचार्य के चरणों में घुटनों तक झुककर हाथ जोड़कर बोला — "आचार्य, कृपया मुझ पर इस प्रकार क्रोधित न हों। आपके शब्द ज्वालामुखी से अधिक भयावह प्रतीत होते हैं।"

शुक्राचार्य ने थोड़ा नम्र होकर कहा — "हे दशानन, अगर तुम्हें गर्मी का एक झोंका मृत्यु के घाट उतार सकता है, तो राज्य जीतने का क्या लाभ? सारी विजय निरर्थक है जब तक कि तुम मृत्यु पर विजय न प्राप्त कर लो।"

"आचार्य, मैं एक आत्मा हूँ जो कभी नहीं मर सकती। मैं देह नहीं हूँ, "रावण ने शुक्राचार्य प्रभावित करने के लिए ज्ञान भरे शब्द कहने की कोशिश की। लेकिन शुक्राचार्य प्रभावित नहीं हुए। वे बोले — "लोग तुम्हें इस देह से ही जानते हैं, दशानन। अगर यह देह मृत हो गई, तो तुम बिल्कुल वैसी ही देह कहाँ से लाओगे?"

रावण बोला — "मानव शरीर की कुछ सीमाएँ हैं, आचार्य। कृपया मुझे बताइए कि इन सीमाओं को कैसे पार किया जा सकता है?"

शुक्राचार्य ने तुरंत उत्तर दिया —"जाओ और जाकर उस ज्वालामुखी में कूद जाओ।"

रावण ने एकबारगी सोचा कि शुक्राचार्य अब भी उस पर क्रोधित हैं, लेकिन फिर उसने शुक्राचार्य के कहे शब्दों में से ज्ञान निचोड़ने का काम अपने मस्तिष्क को सौंप दिया। कुछ देर सोचने के बाद वह बोला — "आचार्य, मैं कम से कम इस मानव शरीर के साथ तो ज्वालामुखी की गर्मी सहन कर सकता हूँ।"
रावण ने तुरंत उत्तर दिया जिससे कि उसे शुक्राचार्य के शब्दों पर गहराई से विचार करने का कुछ समय मिल सके।

शुक्राचार्य ने रावण के शीघ्रता से कहे गए शब्दों का उत्तर नहीं दिया, तो रावण ने विचारों की गहराई में जाकर उत्तर दिया — "मैं सहमत हूँ आचार्य। मैं ऐसे ज्ञान पर विश्वास नहीं कर सकता जो मेरे मानव मस्तिष्क में संग्रहित है, क्योंकि वह ज्ञान मेरे शरीर की पाँच इंद्रियों पर आधारित है। ऐसे भी जीव हो सकते हैं जो मेरी मानव इंद्रियाँ अनुभव न कर सकें और जिनके बारे में मेरा मानव मस्तिष्क सोच भी न सके।"

बहुत अच्छा," शुक्राचार्य ने टिप्पणी की और बोले —

"ज्वालामुखी से जो द्रव्य निकल रहा है, यह धरती के गर्भ से निकल रहा है, जहाँ न तो प्रकाश है, न ही हवा, और तापमान भी अत्यधिक है। क्या तुम्हारा मस्तिष्क इतना विशाल है कि यह समझ सके कि वहाँ उस अवस्था में भी कुछ जीव रह रहे हैं? जिस प्रकार हम मानव हवा के पारितंत्र में रहते हैं, मछलियाँ जल के पारितंत्र में रहती हैं, उसी प्रकार पाताल के जीव इस गाढ़े द्रव्य के पारितंत्र में रहते हैं — जिसे तुम ज्वालामुखी से निकलते हुए देख रहे हो। वह पूर्णतः एक अलग संसार है। तुम उस संसार को अपने इस मानव तन-मन से अनुभव नहीं कर सकते। उस संसार को अनुभव करने के लिए तुम्हें उस संसार की देह ही धारण करनी पड़ेगी। जब तुम पाताल को पाताल की देह के माध्यम से अनुभव करोगे, तो वह हमारे संसार की तरह ही एक सामान्य संसार प्रतीत होगा।"

रावण को शुक्राचार्य की बात तुरंत समझ आ गई। उसने इस पर एक बुद्धिमान प्रश्न पूछा —

"आचार्य, अगर हम इस मानव लोक में रहते हुए पाताल के जीवों के साथ किसी भी तरह की पारस्परिक क्रिया नहीं कर सकते, तो पाताल को जीतने का क्या लाभ है? उनकी वस्तुएँ हमारे किसी भी काम की नहीं हैं, क्योंकि हमारे लिए तो वे वस्तुएँ एक आध्यात्मिक गर्म द्रव्य मात्र हैं। तो फिर उस संसार के बारे में सोचने से भी क्या लाभ?"

शुक्राचार्य ने उत्तर दिया — "क्योंकि यदि तुम यह सीख लेते हो कि पाताल में कैसे जाया जाए और कैसे वापस आया जाए, तो तुम काल पर विजय प्राप्त कर लोगे। तब तुम भूतकाल और भविष्यकाल में यात्रा कर सकोगे। तुम अपना भूत और भविष्य बदल भी सकोगे।"

रावण तुरंत कुछ नहीं पूछ सका। वह गहरे विचारों में चला गया। उसके विचारों को सहारा देने के लिए शुक्राचार्य बोले — "यहाँ कुंजी यह है कि पाताल अस्तित्व के बिलकुल अलग पटल पर है। हमारा समय तंत्र पाताल के जीवों पर लागू नहीं होता। पाताल के जीव समय के बिल्कुल अलग पत्ते पर दौड़ रहे हैं।"

शुक्राचार्य जो रहस्य समझाने का प्रयास कर रहे थे, उसे समझने के लिए रावण को इतना संकेत पर्याप्त था। वह बोला — "मैं समझ गया आचार्य। भगवान शिव की कृपा से मैंने काल को अपनी आँखों से देखा है। मैंने समय के वे अदृश्य धागे देखे हैं जिन पर हम टिके हुए हैं। वे एक ऐसे पत्ते की भाँति हैं जो केवल आगे की ओर चलता है। जिसके कारण हम समय में पीछे की ओर यात्रा नहीं कर सकते। हम चाहे जो भी कर रहे हों, हम भविष्य की ओर अग्रसर होते रहते हैं क्योंकि हम समय के उस पत्ते के साथ चिपके हुए हैं। पाताल का काल-पता हमारे काल-पत्ते के समानांतर चलने वाला पत्ता है। हम हमारे पत्ते से पाताल के पत्ते पर कूद सकते हैं और फिर वापस हमारे पत्ते पर आते समय हमारे पास विकल्प होता है कि हम भूतकाल में लौटें या भविष्यकाल में। यह अद्भुत है... लेकिन आचार्य, पाताल में कैसे जाया जाए?"

शुक्राचार्य ने उत्तर दिया — "दशानन, मेरी असुरों की सेना तुम्हारे कर्म और इच्छा के निर्देशांक इस प्रकार बदलने में सक्षम है जिससे कि तुम्हारी आत्मा की पहुँच पाताल के जीवों की देह तक हो जाएगी... वह भी बहुत शीघ्र... यदि तुम अपनी तुच्छ सोचों पर तुच्छ आनंद मनाना बंद कर दो तो।"

प्रिय मातंगो, उस दिन से रावण की आत्मा का पाताल के साथ प्रयोग आरम्भ हो गया। उस समय पाताल में दो भाई रहते थे — अहि और महि। रावण की आत्मा की पहुँच महि की देह तक हो गई, जिसके माध्यम से वह पाताल के अद्भुत संसार का अनुभव लेने लगा। अहि और महि के बीच अद्वितीय प्रेम था। रावण महि की देह में प्रवेश कर अहि को बुरे कार्य करने के लिए उकसाने लगा।

[Note: अभी अहि और महि रावण के भाई नहीं थे। वे आपस में भाई थे, और रावण केवल महि की देह में प्रवेश करता था। यदि यह समझ न आया हो, तो कृपया अध्याय पुनः पढ़ें।]

अपने पाताल-प्रयोगों से रावण ने मानवलोक में भूत और भविष्य में विचरण करना सीख लिया था।

लेकिन उसने वही सीखा जो शुक्राचार्य उसे सिखाना चाहते थे। रावण के कर्म अब उसकी इच्छा-शक्ति का आधार खो चुके थे। उसकी आत्मा को शुक्र ने अपने असुरों के माध्यम से बाँध रखा था, और शुक्र उसका प्रयोग भगवान विष्णु के विरोध में रचे जा रहे एक महाशड्यंत्र में कर रहे थे।

रावण द्वारा प्राप्त की गई पारलौकिक शक्तियाँ और भगवान राम द्वारा उन शक्तियों का नाश किया जाना, भगवान राम की लीलाओं का एक भव्य भाग है। वे लीलाएँ केवल ज्ञानीजन ही वर्णित कर सकते हैं, वो भी केवल योग्य श्रोताओं के समक्ष।

शुक्राचार्य ने रावण को विश्वास दिला रखा था कि "जब तक तुम अपनी अभी की देह को सुरक्षित रखोगे, तब तक बाकी सभी को पुनर्जीवित किया जा सकता है।" इसीलिए युद्धभूमि में रावण ने स्वयं कदम न रखकर अपने भाइयों और पुत्रों को भेजा। लेकिन शुक्राचार्य का शड्यंत्र भगवान राम को काल के एक असीमित फंदे — जिसे *महामाया* कहा जाता है — में जकड़ने का था।

जब लंका के सभी प्रमुख योद्धा मृत्यु को प्राप्त हो गए, तब शुक्राचार्य ने अपने इस महाशड्यंत्र को क्रियान्वित किया। इस शड्यंत्र की पहली कड़ी थी — भगवान राम को पाताल में ले जाना।

"हे मातंगो," पाताल में जाने के कई रास्ते होते हैं। सामान्यतः एक आत्मा जिस मार्ग से जाती है, वह उसे याद रह जाता है और वह उसी मार्ग से वापस भी आ जाती है। लेकिन शुक्राचार्य का शड्यंत्र था — भगवान राम को ऐसे एकतरफा मार्ग से पाताल ले जाया जाए, जिससे कि उनके पास लौटने का एकमात्र रास्ता वह हो जो उन्हें भूतकाल में वापस ले जाए।

कल्पना कीजिए — भगवान राम उस रात लंका में सभी प्रमुख योद्धाओं को मारते हैं, फिर सो जाते हैं, और अगली सुबह उठकर पाते हैं कि अभी तो कोई मरा ही नहीं था और यह चक्र अनंत काल तक चलता रहता है। इसे कहते हैं काल का वह असीमित फंदा — जिसका नाम है — महामाया।

शुक्राचार्य के षड्यंत्र को रोकने का एकमात्र उपाय था:

जब भगवान राम को एकतरफा मार्ग से पाताल ले जाया जाए, तो हमारे लोक की कोई दूसरी आत्मा साधारण रास्ते से जाकर उन्हें अपने साथ वर्तमान में सुरक्षित रूप से वापस ले आए।

शुक्राचार्य जानता था कि हमारी ओर से ऐसा कोई नहीं था जिसे पाताल का मार्ग ज्ञात हो। और युद्ध के नियमों के अनुसार कोई देवता भगवान राम की सहायता के लिए नहीं आ सकते थे। अपने षड्यंत्र को और पक्का करने के लिए शुक्राचार्य ने मुझे (हनुमान) और लक्ष्मण को भी भगवान राम के साथ अपहरण करके पाताल ले जाने का निर्णय लिया, लेकिन उसे यह संदेह था कि शायद भगवान राम के समीप होने के कारण हमने पाताल जाने का रास्ता सीख लिया हो।

जिस एकतरफा मार्ग से शुक्राचार्य हमें अपहरण कर ले जाना चाहता था, वह मार्ग स्वप्नलोक से होकर गुजरता था। उसके षड्यंत्र की सफलता के लिए आवश्यक था कि हम तीनों —भगवान राम, लक्ष्मण और मैं — उस रात निंद्रावस्था में हों।

उसका षड्यंत्र पहले चरण में थोड़ा सा पथ से भटक गया।

कारण बना — उसके अपने ही असुर। असुरों ने रावण को एक ओर शक्तिशाली बनाया, तो दूसरी ओर उसे कमजोर भी कर दिया। उसके अपने भाई विभीषण ने उसका साथ उस समय पर छोड़ दिया क्योंकि असुरों ने रावण के स्वभाव को अहंकारी और अशिष्ट बना दिया था।

इतना ही नहीं, उसके कई वफादार लोग उसके विरुद्ध हो गए थे और भीतर ही भीतर उसके खिलाफ काम कर रहे थे। वे विभीषण को गुप्त सूचनाएँ पहुँचा रहे थे, जो अब हमारी ओर आ चुका था। उस रात भी विभीषण को एक गुप्त सूचना मिली कि रावण भगवान राम के अपहरण की योजना बना रहा है। उस सूचना में पाताल का उल्लेख नहीं था। विभीषण ने मुझे (हनुमान) सतर्क कर दिया, जिसके कारण मैं जागता रहा और उस तंबू के बाहर पहरा देता रहा जहाँ भगवान राम और लक्ष्मण सो रहे थे।

शुक्राचार्य का मुझे अपहरण करने का षड्यंत्र असफल हो गया, क्योंकि मैं होश में ही नहीं आया। लेकिन वह भगवान राम और लक्ष्मण का अपहरण करने में सफल हो गया। यह शुक्राचार्य का कोई अचानक बना हुआ षड्यंत्र नहीं था, बल्कि *भगवान राम* ने बाद में मुझे बताया कि शुक्राचार्य उस रात के लिए लंबे समय से घटनाओं को क्रमशः अंजाम दे रहा था, ताकि वह भगवान राम को उस स्थिति में पहुँचा सके जिसे "*स्वप्न के अंदर स्वप्न*" कहा जाता है।

नींद में जाने से पहले विभीषण उनसे तंबू में मिलने आया था। मानव लोक में निंद्रा प्राप्त करने के बाद वे स्वप्नलोक पहुँचे, जहाँ उन्हें विभीषण फिर से तंबू में दिखाई दिए।

स्वप्नलोक में भी वे निंद्रा में चले गए। इसे कहा जाता है — "स्वप्न के अंदर स्वप्न" की स्थिति। स्वप्नलोक में निंद्रा में चले जाने के बाद वे "पाताल के स्वप्नलोक" पहुँचे, जहाँ पर उन्हें फिर से विभीषण दिखाई दिए। लेकिन वास्तव में वह विभीषण नहीं था, बल्कि विभीषण के रूप में 'अहि' था, जो उन्हें वहाँ से पाताल ले गया। "देर रात विभीषण को सूचना मिली कि रावण भगवान राम के अपहरण की खुशी में आनंद के अतिरेक में झूम रहा है।

विभीषण यह सूचना लेकर दौड़ते हुए मेरे पास आए।

मैंने कहा —"ऐसा कैसे संभव है? मैं यहाँ द्वार पर पूरी तरह चौकस हूँ। मैं यहाँ से एक पल के लिए भी नहीं हिला हूँ।"

हमने तंबू के अंदर जाकर देखा, तो भगवान राम और लक्ष्मण आराम से सो रहे थे। कोई भी अनहोनी का चिन्ह वहाँ मौजूद नहीं था। मैंने कहा — "देखा, मैंने कहा था न, आपकी सूचना ग़लत है।" मैंने राहत की साँस ली।

लेकिन विभीषण को अपनी सूचना की सत्यता पर पूरा विश्वास था। उसके सूत्र भरोसेमंद थे। उसने भगवान राम को जगाने की कोशिश की। परंतु वह उन्हें जगा नहीं सका।जब कोई आत्मा स्वप्नलोक में जाती है, तो उसे तुरंत शरीर में बुलाया जा सकता है — देह की इंद्रियों को आवाहन देकर। लेकिन भगवान राम और लक्ष्मण की (परम) आत्माएँ पाताल ले जाई जा चुकी थीं, और हमारी ओर से कोई ऐसा नहीं था जिसे पाताल से आत्मा को वापस लाना आता हो।

जब तक मैं अपने प्रभु राम से नहीं मिला था, मुझे तो कुछ भी नहीं आता था। उनकी कृपा से ही मुझे एक-एक करके अपनी शक्तियों का बोध हुआ था।

जब भगवान राम और लक्ष्मण का अपहरण हुआ, तब मुझे पाताल के बारे में कुछ भी मालूम नहीं था।फिर मैंने सोचा — "कोई सर्वशक्तिशाली भगवान का अपहरण कैसे कर सकता है?"यह निश्चित ही भगवान राम की कोई लीला होगी, जिसका उद्देश्य मेरी आंतरिक शक्तियों को उजागर करना होगा —जैसे कि अब तक होता आ रहा है।

मैं भगवान राम के चरणों में बैठकर उनका ध्यान करने लगा। मैंने एक दृश्य देखा — कुछ विचित्र प्राणी दो अन्य विचित्र प्राणियों के चारों ओर खड़े हैं। मेरी आत्मा मुझे बता रही थी कि मध्य में उपस्थित वे दो विचित्र प्राणी मेरे भगवान राम और लक्ष्मण हैं। शीघ्र ही मैं गहरी साधना में चला गया, और मैंने स्वयं को एक विचित्र द्वार में खड़ा पाया। आश्चर्य यह था कि द्वारपाल ने मुझे 'पिता' कहकर पुकारा। और मुझे भी 'पिता' का वह संबोधन अजीब नहीं लगा। मुझे अनुभव हो रहा था कि वह सच में मेरा ही पुत्र था। उसका नाम था — मकरध्वज। "क्या आपको समझ में आया, हे बुद्धिमान मातंगों, कि मेरे साथ क्या हो रहा था? मेरी आत्मा ने अग्रिकुश नामक पाताल के एक जीव की देह में प्रवेश कर लिया था —और मकरध्वज अग्रिकुश का पुत्र था। इससे मेरा कार्य और भी आसान हो गया। मकरध्वज ने मुझे उन अपहृत आत्माओं — भगवान राम और लक्ष्मण — तक पहुँचाया, जिन्हें अहि और महि द्वारा पाताल की देह में क़ैद करके रखा गया था।

भगवान राम ने मुझे तुरंत पहचान लिया। मैं उन्हें मानव लोक में ले आया, वह भी समय और स्थान के सही निर्देशांक पर — जहाँ रावण की सेना के सभी प्रमुख योद्धा मृत्यु को प्राप्त हो चुके थे।

इस प्रकार, भगवान राम को काल के फंदे में फँसाने का शुक्राचार्य का षड्यंत्र असफल हो गया।

[नोट: मकरध्वज हनुमान जी के पुत्र नहीं थे। यदि आपको यह बात समझ में नहीं आई है, तो कृपया यह अध्याय फिर से पढ़ें। और यदि आपको यह सत्य समझ में आ गया है, तो आप इस अज्ञानता से युग में चुनिंदा भाग्यवान आत्माओं में से एक हैं। जब आप इस सत्य को किसी को बताएं,तो कृपया इसे अंशमात्र भी न तोड़ें-मरोड़ें — क्योंकि बड़े-बड़े मिथकों की शुरुआत छोटी-छोटी विकृतियों से ही होती है।]

इस प्रकार यजमान बसंत को चरण पूजा में प्रसाद के रूप में पाताल का ज्ञान मिला। लेकिन उसकी अपने परिवार के रत्नों को वापस पाने की इच्छा अब भी अधूरी थी।

2

चिरंजीवी हनुमान ने रामसेतु का रहस्य खोला।

[नोट: इस अध्याय के दूसरे भाग में पारलौकिक ज्ञान है — ऐसा ज्ञान जो हमें मानव मस्तिष्क से परे ले जाता है। इसलिए, मुख्यधारा के वे भक्त जो अपने मानव मन से अत्यधिक जुड़े हुए हैं, उन्हें यह समझने में कठिनाई हो सकती है। फिर भी यह अध्याय प्रकाशित किया गया, क्योंकि स्वयं भगवान हनुमान ने ऐसा करने का निर्देश दिया था। संभवतः कुछ गृहस्थ साधक हैं जिन तक यह अध्याय अवश्य पहुँचना चाहिए।]

इन अध्यायों में संजोया गया परम ज्ञान आत्मा को शुद्ध करता है और व्यक्ति को भगवान हनुमान के साक्षात् दर्शन के योग्य बनाता है। अमर भगवान हनुमान द्वारा रामसेतु का रहस्य प्रकट किया गया। यजमान बसंत की ओर से की गई चरण पूजा की पहली कड़ी पूर्ण हुई। यजमान बसंत ने अर्पण के रूप में फलों की टोकरी चढ़ाई थी, और प्रसाद के रूप में पाताल लोक का ज्ञान प्राप्त किया। उसकी एक छिपी हुई इच्छा थी — अपने परिवार के रत्नों को पुनः प्राप्त करना — किंतु वह इच्छा चरण पूजा की पहली कड़ी में पूर्ण नहीं हो सकी।

भगवान हनुमान अपने आसन से उठ खड़े हुए। हनुमंडल में उपस्थित सभी मातंग भी हाथ जोड़कर और सिर झुकाकर खड़े हो गए। सभा समाप्त होने से पहले, होतर उर्वा ने भगवान हनुमान से अत्यंत महत्वपूर्ण प्रश्न किया : "हे प्रभु, यदि रत्न समुद्र तल में हैं, तो उन्हें वापस कैसे लाया जा सकता है? पहली बात तो यह कि समुद्र की गहराई तक पहुँचना असंभव प्रतीत होता है, और दूसरी बात, इतनी गहराई में छोटे रत्नों को ढूंढ़ना भी कठिन है।"

बाबा मातंग को होतर उर्वा का व्यवहार पसंद नहीं आया। उन्होंने उर्वा को क्रोध भरी दृष्टि से देखा, फिर भगवान हनुमान को प्रणाम किया और बोले — "हे प्रभु, कृपया इन्हें क्षमा करें। यह युवा और अज्ञानी है। इसे ज्ञात नहीं कि जब यजमान प्रसाद प्राप्त कर लेता है, तो सभा भंग हो जानी चाहिए। मैं आपसे क्षमा याचना करता हूँ।"

भगवान हनुमान मुस्कुराए और पहले उर्वा की ओर, फिर बाबा मातंग की ओर देखा। फिर वे अपने आसन के समक्ष स्थित पवित्र जलाशय पर चल दिए और अदृश्य हो गए।

बाबा मातंग ने समापन अनुष्ठान की शुरुआत की। यजमान बसंत ने हनुमंडल की परिधि पर रखे दीपों को एक-एक करके बुझाया, और बाबा मातंग उन्हें ध्यान से देखते रहे। फिर हनुमंडल के केंद्र में स्थित वेदी से अग्निदेव को विदाई दी गई। उर्वा ने बाबा मातंग की इन अनुष्ठानों को पूरा करने में सहायता करने का प्रयास किया, लेकिन बाबा ने क्रोधित होकर उसे इसमें सम्मिलित होने से मना कर दिया। अंततः जब सभा भंग हुई और मातंग अपने-अपने घरों की ओर चलने लगे, तब उर्वा ने बाबा से बात करने का प्रयास किया ताकि वह अपनी बात स्पष्ट कर सके। लेकिन बाबा ने उसे बोलने का अवसर नहीं दिया। बाद में जब मातंग नाश्ता कर रहे थे, उर्वा बाबा मातंग के पास बैठ गया और बात करने का प्रयास किया। बाबा मातंग गरज उठे — "जब स्वयं बसंत ने रत्नों की कोई इच्छा नहीं की, तो तुम कौन होते हो उसकी ओर से इच्छा व्यक्त करने वाले? वह भी तब, जब भगवान हनुमान अपने आसन से उठ चुके थे? तुम बहुत आगे बढ़ गए हो, उर्वा। अब मैं तुम्हें होतर नियुक्त नहीं करूँगा। अब से उर्मी यहाँ की होतर होगी।"

उर्वा ने बोलने की कोशिश की — "बाबा, मैं तो बस ये चाहता था..." "क्या चाहते थे?" बाबा मातंग फिर गरजे, "क्या तुम सोचते हो कि चरण पूजा तुम्हारी 'इच्छा' के अनुसार चलेगी? 'मैं बस चाहता था' — इसका क्या अर्थ है? क्या तुम्हारी 'चाह' इतनी महान है कि तुम अपने पूर्वजों द्वारा सदियों से निर्धारित विधियों की अवहेलना करोगे?"

उर्वा टूट गया। उसने अपने नाश्ते की थाली उठाई, रोते हुए खड़ा हुआ और वहाँ से भाग गया। उर्मी भी बाबा मातंग के पास बैठी थी। उसने यह सब मौन रहकर देखा। बाबा ने उर्मी से कहा — "मुझे भी लगता है कि खोए हुए रत्न बसंत को अवश्य मिलने चाहिए।"

परिवार के रत्नों को वापस पाने की इच्छा इसलिए थी ताकि उसके पिता की आत्मा को मुक्ति मिल सके। लेकिन हम मनुष्य हैं। जो हमें सही लगता है, वह वास्तव में सही हो — यह आवश्यक नहीं। क्या तुमने नहीं देखा उर्मी, बसंत द्वारा लाए गए फलों के बड़े ढेर में से केवल एक छोटा सा केले का टुकड़ा ही इतना पवित्र था कि भगवान को अर्पित किया जा सका। यह दर्शाता है कि बसंत सुरों और असुरों के प्रभाव में कितना था। तो फिर हम कैसे सुनिश्चित करें कि रत्नों को वापस पाने की हमारी इच्छा वास्तव में हमारी अपनी ही इच्छा है? संभव है, यह भी सुरों और असुरों द्वारा हमारे भीतर डाली गई कोई प्रेरित इच्छा हो। "और यह केवल बसंत की बात नहीं है, मुझे डर है कि पिछले 41 वर्षों में हम सभी सुरों और असुरों के भारी प्रभाव में आ चुके हैं। हमें लगता है कि हम शुद्ध हैं —
लेकिन यह शुद्धता की अनुभूति भी असुरों द्वारा प्रेरित की गई हो सकती है। मुझे लगता है कि जब भगवान हनुमान ने महाभारत के भीष्म की बात की थी, तो वे मेरी ओर संकेत कर रहे थे। हाँ, भीष्म सोचते थे कि वे अत्यंत धर्मनिष्ठ हैं, लेकिन वास्तव में वे असुरों के गहरे प्रभाव में थे..." "चिंता मत करो बाबा मातंग, तुम सुरों और असुरों के प्रभाव में नहीं हो।" यह भगवान हनुमान की आवाज़ थी। वे वहाँ बैठे थे जहाँ कुछ पल पहले उर्मी बैठी थी। बाबा मातंग भगवान हनुमान को अपने साथ नाश्ता करते देखकर आश्चर्य और प्रसन्नता

से स्तब्ध रह गए। उन्हें समझ में नहीं आ रहा था कि वे क्या करें और क्या कहें। उन्होंने हाथ जोड़ने का प्रयास करते हुए धीमे स्वर में कहा — "प्रभु!"भगवान हनुमान ने आगे कहा —"और तुम स्वयं को निरंतर निरीक्षण में रखते हो, यह संकेत है कि तुम पूरी तरह शुद्ध हो। तुमने अब तक 'बाबा' के रूप में अपनी जिम्मेदारियाँ बहुत अच्छे से निभाई हैं। और उर्वा ने कुछ भी गलत नहीं किया। उसके द्वारा उठाया गया प्रश्न सभी साधक मातंगों के मन में इस समय उठ रहा है।

मुझे मालूम है कि किसी साधक के मन में प्रश्न कब रोपना है और उतर कब देना है। और जहाँ तक अनुष्ठानों की बात है, मातंग परंपरा के संरक्षक के रूप में तुम्हारा क्रोध न्यायोचित है। तुम्हारे क्रोध के कारण ही अब वह गहराई से सोच रहा है कि वह विशेष अनुष्ठान क्यों है, और क्यों उसे नहीं तोड़ा जाना चाहिए।

बाबा को यह वचन सुनकर राहत महसूस हुई। उन्होंने सिर उठाकर एक बार फिर प्रभु की झलक पाने की कोशिश की,

लेकिन भगवान हनुमान वहाँ से अदृश्य हो चुके थे। बाबा ने देखा कि वहाँ अब उर्मी बैठी थी और नाश्ता कर रही थी। कुछ समय बाद, चरण पूजा की अगली कड़ी शुरू हुई। इस बार यजमान एक मातंग स्त्री चरिता थी।

उर्मी को होतर नियुक्त किया गया। अर्पणम् के अनुष्ठान से पहले, यजमान की आत्मा को भगवान हनुमान के वचनों द्वारा प्रकाशित होना आवश्यक था।

प्रभु ने कहा — "चरण पूजा की पिछली कड़ी में,
उर्वा ने एक प्रश्न पूछा था — रत्न समुद्र तल में गहरे हैं।
उन्हें वहाँ से निकालना कैसे संभव है?" "उर्वा का यह प्रश्न मुझे नल की याद दिलाता है — उस वानर की, जिसने समुद्र पर पुल बनाया था।"

"जब भगवान राम ने रावण के विरुद्ध युद्ध करने का निश्चय किया, तो लाखों वानर सेना के रूप में इकट्ठे हुए। लंका समुद्र के पार स्थित थी। इतनी विशाल सेना को समुद्र पार कराना एक बहुत बड़ी चुनौती थी। भगवान राम ने सेना के सेनापतियों की एक सभा बुलाई और उनसे सुझाव माँगा।

सुग्रीव ने कहा —"प्रभु, हम पूरी सेना को लंका में उतार नहीं सकते। लंका की सीमा पर इतनी जगह नहीं है कि लाखों वानरों की सेना वहाँ डेरा डाल सके। वहाँ भोजन और अन्य आवश्यक वस्तुओं की भी कमी होगी, क्योंकि वह शत्रु की भूमि है। इसलिए हमें केवल आधी सेना के साथ आगे बढ़ना चाहिए। बाकी आधी सेना इस पार रहे और युद्ध लंबा खिंचने पर सहायता के लिए पहुँच जाए। हमारे पास यहाँ विशाल कार्यबल है। वे बहुत शीघ्र आवश्यक संख्या में नौकाएँ बना सकते हैं।"

लक्ष्मण ने पूछा — "यदि हमें समुद्र में राक्षसों द्वारा आक्रमण किया गया तो? हमारी सेना समुद्र के खतरों से लड़ने में दक्ष नहीं है।"

मैंने लक्ष्मण को आश्वस्त किया —"यदि प्रभु राम मुझे अनुमति दें, तो मैं अकेला ही समुद्री राक्षसों से युद्ध करके

हमारी सेना की रक्षा कर सकता हूँ। इसलिए समुद्र के खतरों को लेकर कोई चिंता करने की आवश्यकता नहीं है।"

अंगद ने कहा — "मुझे संदेह है कि रावण के पास एक ऐसी सेना है जो समुद्री युद्ध में निपुण है। यदि वह उस सेना को हमारी सेना को समुद्र में ही समाप्त करने भेज दे तो?"

भगवान राम ने कहा — "अभी युद्ध की घोषणा नहीं हुई है। कोई भी योद्धा बिना युद्ध घोषित किए आक्रमण नहीं कर सकता।"

लक्ष्मण ने टिप्पणी की — "रावण असुरों के प्रभाव में है।

मुझे नहीं लगता कि वह क्षत्रियों के नियमों का पालन करेगा।"

भगवान राम ने कहा — "लक्ष्मण, मुझे ज्ञात है कि रावण असुरों के प्रभाव में है, लेकिन वह अपनी सेना की शक्ति को लेकर अत्यधिक अहंकारी है। वह ऐसा कायरता का कार्य नहीं करेगा।"

सुग्रीव को अपनी योजना में एक त्रुटि का आभास हुआ। उसने कहा — "हम अपनी आधी सेना को नावों के द्वारा बिना किसी कठिनाई के लंका ले जा सकते हैं। लेकिन यदि हमें शेष आधी सेना की आवश्यकता पड़ी, तो हम उन्हें बाद में नहीं बुला पाएँगे, क्योंकि एक बार युद्ध घोषित हो गया, तो रावण को समुद्र में हमारी सेना पर आक्रमण करने की पूरी स्वतंत्रता होगी। वह अपने समुद्री योद्धाओं की टुकड़ी भेजकर हमारी दूसरी आधी सेना को समुद्र पार करते समय ही समाप्त कर देगा।" "सही कहा!" अंगद ने अपनी राय दी — "हमारी सेना को किसी भी प्रभावशाली युद्ध के लिए अपने पैरों के नीचे भूमि चाहिए होती है। वे नावों में रहकर युद्ध करना नहीं जानते।"

भगवान राम ने कहा — "यदि हम समुद्र पर पुल बना दें तो? पुल भूमि के समान ही होता है। उसके माध्यम से सेना की सहायता आसानी से पहुँच सकती है। "सभा में उपस्थित सभी लोग आश्चर्य से एक-दूसरे को देखने लगे।

"समुद्र पर पुल?" सुग्रीव ने कहा — "प्रभु, मुझे भय है कि यह असंभव है।" "नल कर सकता है," भगवान राम ने कहा। "न... नल... हम्म... हाँ, एक कुशल वानर है जिसका नाम नल है, जो पुल निर्माण में निपुण है। लेकिन प्रभु, आपको उसका नाम कैसे पता?" सुग्रीव ने आश्चर्यचकित होकर पूछा। यह एक अजीब प्रश्न था।

भगवान राम, परमेश्वर हैं — उन्हें सब कुछ ज्ञात है। वे किसी को कैसे नहीं जान सकते? मैंने बीच में हस्तक्षेप किया और कहा — "क्यों न हम नल को बुलाकर उससे पूछें कि क्या वह समुद्र पर पुल बना सकता है?"

सुग्रीव ने तुरंत उत्तर दिया — "वह एक पेड़ से दूसरे पेड़ तक पुल बना सकता है। लेकिन समुद्र पर पुल बनाना... यह असंभव है। "इसलिए मैंने ज़ोर देते हुए कहा, 'आइए, नल को यहाँ बुलाएँ और उससे स्वयं पूछें।' अंगद नल को बुलाने के लिए बाहर चला गया। जब अंगद पुनः

सभा कक्ष में लौटा, वह नल के साथ था। नल यह जानकर अत्यंत चकित था कि भगवान राम उसे जानते हैं और लाखों वानरों में से विशेष रूप से उसे ही सभा में बुलाया है। अंगद ने उसकी ओर से कहा — "प्रभु, मैंने नल से पूछा। उसने कहा कि वह पानी में पुल नहीं बना सकता।"

भगवान राम मुस्कराए और नल से पूछा —"नल, हर सृजनात्मक व्यक्ति विश्वकर्मा का ही एक रूप होता है। यदि तुम दो वृक्षों के बीच पुल बना सकते हो, तो यहाँ से लंका तक भी बना सकते हो — क्या नहीं बना सकते?" नल स्तब्ध था। लेकिन उसने तुरंत जैसे कोई शब्द उसके होंठों से फूट पड़े हों, कहा — "हाँ, मैं बना सकता हूँ।" सभी लोग नल की ओर देखने लगे। नल का आत्मविश्वास एक क्षण में जैसे उड़ गया और वह असमंजस में दिखने लगा। भगवान राम ने उसकी आँखों में देखा। फिर वही चमत्कार हुआ —और उसने पूरे सेनापति समुदाय को संबोधित करते हुए जोर से कहा —"हाँ, मैं समुद्र पर पुल बना सकता हूँ। मैं तुरंत समुद्र का सर्वेक्षण करूंगा, फिर मैं उसका डिज़ाइन तैयार करूंगा।"

भगवान राम ने मुझे निर्देश दिया कि मैं नल के साथ समुद्र के सर्वेक्षण में जाऊँ। मैं सभा कक्ष से नल के साथ बाहर निकल गया। मैंने देखा कि वह काँप रहा था और बड़बड़ा रहा था — "हाँ... पुल बन सकता है... हाँ, मैं पुल बनाऊंगा।" उसका आत्मविश्वास फिर से डगमगा गया था। वह स्वयं को आश्वस्त करने की कोशिश कर रहा था।

हमने एक नाव, कुछ रस्सियाँ और लकड़ियाँ लीं और समुद्र में उतर गए। नल ने समुद्र की विभिन्न जगहों की गहराई नापनी शुरू की। समुद्र हर जगह अत्यंत गहरा था। नल निराश हो गया। उसने हार मानते हुए कहा — "इस समुद्र में पुल बनाना असंभव है।" "तो फिर तुमने भगवान राम से 'हाँ' क्यों कहा?"
मैंने पूछा। नल ने उत्तर दिया — "मुझे नहीं पता उस क्षण क्या हुआ, जब भगवान राम ने मेरी ओर देखा — मुझे लगा जैसे मैं स्वयं विश्वकर्मा हूँ और कुछ भी रच सकता हूँ। लेकिन जैसे ही मैं सभा से बाहर आया, मैं फिर से केवल एक साधारण वानर जैसा महसूस करने लगा।"

मैंने उससे कहा — "हे नल, यदि भगवान राम तुम पर विश्वास करते हैं, तो तुम्हारे भीतर अवश्य ही कुछ विशेष है। चाहे जल कितना भी गहरा क्यों न हो, तुम पुल बना सकते हो।" "पर... कैसे...?" नल ने असहाय स्वर में कहा — "मैं कैसे कहूँ... यह बिल्कुल असंभव लगता है। मैं इतनी गहराई में एक खंभा भी खड़ा नहीं कर सकता।"

हम समुद्र के मध्य नाव चला रहे थे। नल उस जिम्मेदारी से भयभीत हो रहा था। उसने मुझसे कोई समाधान बताने की प्रार्थना की। मैंने उससे कहा — "अपनी आँखें बंद करो और भगवान राम का नाम जपो।" "उसने अपनी आँखें बंद कीं और भगवान राम का नाम जपना शुरू किया। मैंने उसके चेहरे पर एक दिव्य चमक देखी। मैंने कहा — 'हे आत्मा जो भगवान राम का नाम जप रही है, तुम कौन हो? कृपया अपना परिचय दो। 'आँखें बंद रखते हुए नल ने उत्तर दिया — "मैं नल हूँ, विश्वकर्मा का रूप।
मैं स्वयं को समुद्र की गहराइयों में नींव खोदते देख सकता हूँ। मैं स्वयं को समुद्र को चीरते

हुए देख सकता हूँ। हाँ, मैं ऐसा कर सकता हूँ। हाँ, मैं ऐसा करूंगा। "मैंने नल के चेहरे पर विश्वकर्मा की झलक देखी। मैंने उससे कहा कि वह अपनी आँखें खोले। जब उसने अपनी आँखें खोलीं, तो उसने कुछ असामान्य देखा। वह चिल्लाया — "आग के गोले! "मैंने पीछे मुड़कर देखा तो नल कुछ ही मीटर दूर नाव से एक विशाल मगरमच्छ की ओर इशारा कर रहा था। मैंने अपनी गदा को कसकर पकड़ते हुए पूछा — "आग के गोले? नहीं, वह तो सिर्फ एक मगरमच्छ है। "लेकिन उस मगरमच्छ में कुछ असामान्य था। उसकी आँखें दो जलते हुए आग के गोलों की तरह लग रही थीं। और वह सीधा मेरी ओर देख रहा था। नल ने ज़ोर देकर कहा। "यह प्रकाश का भ्रम रहा होगा, और कुछ नहीं," मैंने नल को ढाढ़स बँधाया, लेकिन वास्तव में वह मगरमच्छ मुझे भी संदिग्ध लग रहा था। एक सामान्य मगरमच्छ हम पर हमला करता, लेकिन जब हमने उसकी ओर देखा, तो वह मुड़ गया और तैरकर चला गया। नल ने कहा — "पता नहीं क्यों, मुझे लग रहा है कि वह मगरमच्छ रावण का कोई जासूस है।

क्या हमें उसका पीछा नहीं करना चाहिए और पता लगाना चाहिए?" "नहीं," मैंने कहा, "इस समुद्र में ऐसे अनेक जीव हैं। हमें केवल अपने कार्य पर ध्यान केंद्रित करना है। मैं इन जीवों पर तभी हमला करूंगा जब वे हमें नुकसान पहुँचाने की कोशिश करेंगे।" "काम... आह!" नल ने कहा, "हमारे सामने जो काम है वह असंभव सा प्रतीत होता है। मुझे समझ नहीं आ रहा कि मैं शुरुआत कहाँ से करूं।" "लेकिन कुछ क्षण पहले, तुम्हारा चेहरा दिव्य शक्तियों से दमक रहा था। जब तुम भगवान राम का नाम जप रहे थे, तब मैंने तुम्हारे चेहरे पर भगवान विश्वकर्मा की झलक देखी थी," मैंने उसे याद दिलाया।

नल ने मजाक करते हुए कहा — 'यह पुल तभी बन सकता है जब पत्थर समुद्र में तैरने लगें।'"मैंने गंभीरता से कहा — "यदि भगवान राम की इच्छा हो तो कुछ भी संभव है। यदि भगवान राम सोचते हैं कि तुम यह पुल बना सकते हो, तो बस जाओ और शांत हो जाओ। कल सुबह प्रभु का नाम लेकर पत्थरों को समुद्र में फेंकना शुरू करो। अगर प्रभु की इच्छा होगी तो वे पत्थर अवश्य तैरेंगे।

नल पूरी तरह आश्वस्त नहीं था, लेकिन उसके पास और कोई विकल्प भी नहीं था। मैंने उससे सर्वेक्षण रोकने को कहा। मैं उसे समुद्र के भीतर दूर तक ले गया और उसे समुद्र के अनेक जीव दिखाए। वह बच्चों जैसी उत्सुकता से समुद्र को देखता रहा और पुल की बात को भूल गया।

जब हम देर शाम वापस अपने शिविर लौटे, तो अंगद और सुग्रीव ने पूछा — 'क्या समुद्र का सर्वेक्षण पूरा हो गया?'नल के पास कोई उत्तर नहीं था। मैंने उसकी ओर से उत्तर दिया — 'हाँ, सर्वेक्षण पूरा हो गया है।
नल कल से निर्माण कार्य शुरू कर सकता है।'"

मैंने देखा कि भगवान राम मुझे देखकर मुस्कुरा रहे थे। उन्हें यह भली-भाँति ज्ञात था कि हम इस पूरे समय समुद्र की गहराई नहीं माप रहे थे, बल्कि समुद्र के जीवों को देख रहे

थे और नौका विहार का आनंद ले रहे थे। और यह भी कि हमें यह बिल्कुल भी नहीं पता चला था कि पुल निर्माण की शुरुआत कहाँ से की जानी है।

अगली सुबह, सभी की नजरें नल पर थीं। हमारी सेना के सभी सेनापति समुद्र तट पर एकत्र थे। नल समुद्र तट पर गंभीरता से टहल रहा था मानो अपनी दृष्टि से समुद्र की गहराई को माप रहा हो। मैंने उसे छेड़ते हुए पूछा — "हे महान नल, बताइए कि हमें पुल का निर्माण कहाँ से शुरू करना चाहिए? कृपया मार्गदर्शन करें ताकि हम आवश्यक सामग्री उस स्थान पर एकत्र कर सकें।"

नल स्पष्ट रूप से बहुत घबराया हुआ था, और उसके होंठ हिल रहे थे। वह धीमे स्वर में भगवान राम का नाम जप रहा था। जब मैंने उसे छेड़ा, तो उसने मेरी ओर देखा और नाम जपने की गति बढ़ा दी — "राम... राम... राम..." अंगद और सुग्रीव जिज्ञासा से मेरी ओर देखने लगे। मैंने तुरंत कहा —"अ... हाँ, राम... राम... राम... नल का अभिप्राय है कि भगवान राम बताएँगे

कि पुल की शुरुआत कहाँ से करनी है।"

सौभाग्यवश, भगवान राम लक्ष्मण के साथ वहाँ आ गए और उन्होंने कहा —"हाँ, कृपया मेरे साथ आइए।

हम पहले एक पूजा करेंगे, फिर नल निर्माण कार्य शुरू कर सकते हैं।" ऐसा प्रतीत हो रहा था कि भगवान राम को पहले से ही ज्ञात था कि पुल का निर्माण कहाँ से प्रारंभ करना है। वे हमें वहाँ ले गए और पूजा आरंभ की। नल अब भी बहुत घबराया हुआ था, लेकिन मुझे पूरा विश्वास था कि सब कुछ ठीक हो जाएगा। जब पूजा सम्पन्न हुई, तो सबका ध्यान नल की ओर गया। उसकी घबराहट एकदम उड़ गई और जब भगवान राम ने उसकी आँखों में देखा, तो उसमें दिव्य शक्ति प्रकट हो गई। नल ने समुद्र की ओर हाथ बढ़ाया और गर्जना की — "आओ, इस महान समुद्र के हृदय में पहला पत्थर स्थापित करें!

जय श्री राम!" "मैंने उनके पीछे दोहराया — 'जय श्री राम!' और उसी दिशा में एक पत्थर फेंका जहाँ नल ने इशारा किया था। वहाँ उपस्थित सभी लोगों के अत्यधिक आश्चर्य और उत्साह के बीच, मेरे द्वारा फेंका गया पत्थर समुद्र में डूबा नहीं। जब नल की वह स्वर्गिक उत्सुकता थोड़ी शान्त हुई, तो उसके मन में एक सुखद आश्चर्य छा गया। उसने एक भी शब्द नहीं कहा, लेकिन उसकी आँखें मुझसे पूछ रही थीं —'यह चमत्कार कैसे हुआ? इस संसार के नियम कैसे बदल गए? पत्थर समुद्र में कैसे तैर गया?'

मेरे लिए एक बात निश्चित थी —भगवान राम का कोई भी कार्य इस संसार के नियमों का उल्लंघन नहीं करता। यदि पत्थर दुनिया के लिए पानी में नहीं तैरते, तो भगवान राम स्वयं के लिए भी उन्हें तैरने पर विवश नहीं करेंगे।हमारी पूरी वानर सेना ने भगवान राम का नाम ज़ोर से जयघोष करके जपना शुरू कर दिया, जब अंगद ने घोषणा की — 'यह पत्थर भगवान राम की कृपा और नल की दक्षता से समुद्र में तैर रहा है।'नल तत्काल पूरे वानर समुदाय का नायक बन गया।नल इस तैरते हुए पत्थर के रहस्य को जानना चाहता था।

उसने भगवान राम से कहा — "प्रभु, मुझे कुछ माप लेने के लिए समुद्र में जाने की अनुमति दीजिए। क्या मैं श्री हनुमान के साथ जा सकता हूँ?"भगवान राम की अनुमति लेकर, हम एक नाव लेकर उस स्थान पर गए जहाँ पत्थर तैर रहा था। हमारे अत्यधिक आश्चर्य की बात यह थी कि पत्थर पानी में तैर नहीं रहा था, बल्कि वह एक उभरे हुए किनारे (रिज) पर रखा हुआ था। नल चौंकते हुए बोला —"मुझे अपनी आँखों पर विश्वास नहीं हो रहा। यह रिज यहाँ कैसे आ गया? कल तो यहाँ बहुत गहरा पानी था। यह चमत्कार... एक रात में... कैसे?"

**मेरे पास कोई उत्तर नहीं था। मैंने बस इतना कहा — "ऐसी है भगवान राम के नाम की शक्ति!"नल ने आँखें बंद कीं और भगवान राम का नाम ज़ोर से जपने लगा। मैंने नाव को चलाकर यह जानने का प्रयास किया कि यह रिज कितना लंबा है। हमने पाया कि यह रिज पूरे समुद्र के आर-पार फैला हुआ है। अब केवल इतना काम बाकी था कि जहाँ-जहाँ छोटे अंतर थे, उन्हें पाटकर सतह को समतल करना था। नल छोटे अंतर भरने में कुशल था। अगले कुछ ही दिनों में, लाखों वानरों की सहायता से नल ने उस रिज को एक समतल और सुगम पुल में बदल दिया।नल अचानक मिली इस ख्याति से सहज नहीं था। उसे लगता था कि वह इसका पात्र नहीं है, क्योंकि वह मानता था कि वह रिज भगवान राम की शक्ति से उत्पन्न हुआ था। जब पुल पूर्ण हुआ, तो भगवान राम ने नल से कहा — "नल, यह रिज पृथ्वी से तुम्हारे कारण ही निकला है। इस समय मैं तुम्हें यह नहीं बता सकता कि यह कैसे हुआ, लेकिन युद्ध के बाद मैं तुम्हें अवश्य बताऊँगा।" नल को सम्मान देने के लिए भगवान राम ने उस पुल का नाम रखा — "नलसेतु"। "जब युद्ध समाप्त हुआ, तब नल ने भगवान राम से उस उभरे हुए रिज के रहस्य के बारे में पूछा। क्या आप अनुमान लगा सकते हैं, हे बुद्धिमान मातंगों, कि वह रहस्य क्या था?"
भगवान हनुमान ने मातंगों की सभा से पूछा।

उर्वा चुपचाप बैठा था।भगवान हनुमान ने उसकी ओर देखा और कहा — उर्वा का प्रश्न मुझे नल की याद दिलाता है। नल कह रहा था कि समुद्र में पुल बनाना असंभव है, और उर्वा कह रहा था कि समुद्र की गहराई से रत्न लाना असंभव है। मैं यह नहीं कह रहा कि समुद्र में अचानक कोई रिज निकल आएगा या रत्न ऊपर आ जाएंगे। मैं केवल यह कह रहा हूँ कि — कुछ भी असंभव नहीं है। "उर्वा ने कुछ नहीं कहा। उर्मी, जो पूजा की होतर थी, खड़ी हुई और बोली — "हे प्रभु, हम इस रहस्य को जानने के लिए अत्यंत उत्सुक हैं। समुद्र में वह रिज एक ही रात में कैसे उभर आया? कृपया हमें परम ज्ञान प्रदान करें और इस रहस्य को समझने में हमारी सहायता करें। हम इसका अनुमान नहीं लगा पा रहे।

भगवान हनुमान बोले — "मैं अब आपको यह रहस्य बताने जा रहा हूँ। मेरे प्रत्येक शब्द पर ध्यान दें, अन्यथा आप इसे समझ नहीं पाएँगे।"

जब हम खुले आकाश में होते हैं, तो सहजता महसूस करते हैं, लेकिन जब हम जल में जाते हैं, तो असहजता महसूस होती है। इसके विपरीत, मछलियों के साथ इसका उल्टा होता

है। जब मछली जल में होती है, तो उसे आराम मिलता है, और जब वह खुले आकाश में आती है, तो उसे घुटन महसूस होती है।

कल्पना करो कि कोई मछली गहरे जल में है।क्या आप मछली की दृष्टि से उस संसार की कल्पना कर सकते हैं?"भगवान हनुमान ने पूछा। होतर उर्मी, जो देह परिवर्तन के अनुभव में निपुण थी, तेजी से उत्तर देते हुए बोली — "जैसे हमारे लिए हवा अदृश्य होती है, वैसे ही मछली के लिए जल अदृश्य होता है। तो मुझे लगता है कि मछली जब जल में होती है, तो वह स्वयं को एक पक्षी की तरह महसूस करती है। उसे चारों ओर खुला स्थान लगता है और वह उस खुले स्थान में यात्रा करती है।""बहुत अच्छा।" भगवान हनुमान बोले — "क्या आप सबने उर्मी की बात को समझा? क्या आप मछली की दुनिया की कल्पना कर सकते हैं? वह हमारी दुनिया से बिल्कुल उलट है। मछली के लिए जल 'गैस' है और वायु 'तरल' है। जब वह जल में होती है, तो उसे चारों ओर खुला स्थान लगता है। और जब वह वायु में आती है, तो उसे चारों ओर एक 'तरल' जैसा कुछ महसूस होता है, जो उसे घुटन देता है।"

[नोट: हम मनुष्यों में हर बात को अपने दृष्टिकोण से देखने और समझाने की प्रवृत्ति होती है। यहाँ, आपसे यह अपेक्षित है कि आप अपना दृष्टिकोण छोड़ दें। साधक लोग इसे प्रतिदिन का अभ्यास बनाते हैं। हमें निश्चित नहीं कि मुख्यधारा के समाज के भक्तजन ऐसा कर पाएँगे या नहीं। यदि आपने अब तक इस अध्याय को समझ लिया है — तो आप एक *गृहस्थ साधक* हैं।]

सभी मातंगों ने सिर हिलाकर सहमति जताई। भगवान हनुमान ने आगे कहा —"अब कल्पना करो पाताल लोक की। जब मैं पाताल गया, तो मुझे वहाँ की दुनिया में कुछ भी असामान्य नहीं लगा। वह हमारी दुनिया जैसी ही सामान्य दिखती थी। हे मातंगों, सोचो और बताओ — यदि पाताल पृथ्वी के भीतर गहराई में है, तो वहाँ अंधकार और घुटन होनी चाहिए। फिर मुझे ऐसा क्यों नहीं लगा?"

होतर उर्मी ने उत्तर दिया —"यदि मैं अपने मानव शरीर के साथ जल में जाऊँ, तो मुझे वहाँ घुटन महसूस होगी; लेकिन यदि मैं मछली के शरीर में प्रवेश करूँ, तो मुझे जल के भीतर कुछ भी असामान्य महसूस नहीं होगा। इसी प्रकार, हे प्रभु, आपका शरीर पाताल नहीं गया था। आपकी आत्मा ने किसी पाताल प्राणी की देह में प्रवेश किया था और उसी देह से पाताल का अनुभव लिया।"

भगवान हनुमान ने भूमि की ओर संकेत करते हुए कहा — "देखो, हम ठोस धरती पर खड़े हैं। तो यदि पाताल प्राणियों के लिए सब कुछ अंदर से सामान्य है, तो उन्हें कम से कम अपने संसार के ऊपर एक ठोस छत तो दिखनी चाहिए। लेकिन मुझे कोई छत नहीं दिखी। मुझे तो हमारी ही तरह खुला आकाश दिखा। ऐसा क्यों? "उर्मी को तुरंत कोई उत्तर नहीं सूझा। भगवान हनुमान ने उर्वा की ओर देखा। उर्वा ने बाबा मातंग की ओर देखा और फिर सिर झुका लिया।

भगवान हनुमान ने आग्रह किया — "उर्वा, पूजा के समय बोलने पर बाबा तुम्हें डाँटेंगे नहीं। कृपया बोलो।" "प्रभु, मुझे लगता है कि पाताल के जीवों के लिए हम और हमारी दुनिया अदृश्य हैं," उर्वा खड़ा हुआ और धीमे स्वर में बोला। "मछली के लिए जल अदृश्य गैस जैसा प्रतीत होता है, उसी प्रकार, पाताल के जीवों के लिए हमारी ठोस पदार्थों की दुनिया एक अदृश्य गैस जैसी लगती है। इसीलिए उन्हें अपने संसार के ऊपर कोई छत दिखाई नहीं देती।"

भगवान हनुमान सहमत प्रतीत हुए। उन्होंने कहा — "हाँ, परंतु किसी न किसी प्रकार से वे हमारे संसार से अवगत हैं। वे सोचते हैं कि उनके संसार के ऊपर एक मोटी अदृश्य परत है जिसमें कुछ जीव रहते हैं। तो मानवलोक उनके लिए एक अदृश्य, मोटी परत के अलावा कुछ भी नहीं है।"

"राम और लक्ष्मण?" "क्योंकि रावण मही के शरीर में प्रवेश किया करता था; उसी ने अपने भाई को भगवान राम के अपहरण के लिए उकसाया।" उर्वा ने तुरंत उत्तर दिया। "यह सत्य है," भगवान हनुमान बोले, "लेकिन क्या तुम जानते हो कि रावण ने पाताल के प्राणियों को भगवान राम का अपहरण करने के लिए कैसे उकसाया?"

"रावण ने मही के शरीर के माध्यम से पाताल के प्राणियों को एक झूठी कहानी सुनाई — कि मानवलोक के जीव पाताललोक पर आक्रमण करने वाले हैं। उसने उन्हें यह विश्वास दिलाया कि भगवान राम और लक्ष्मण उस सेना के नेता हैं जो पाताल लोक पर आक्रमण करने आ रही है।

"जब उन्होंने सफलता पूर्वक भगवान राम और लक्ष्मण की (परम) आत्माओं का अपहरण कर लिया, तो उन्होंने उन आत्माओं को पाताल की दो अलग-अलग देहों में क़ैद कर दिया। फिर उन्होंने एक ऐसे ऋषि को बुलाया जो आत्माओं से संवाद कर सकता था।

अहि ने उस ऋषि से कहा — 'हे ऋषि, हमने इन दो आत्माओं को मानवलोक से अपहरण किया है। गुप्त सूचना के अनुसार, ये दोनों आत्माएँ उस सेना का नेतृत्व कर रही हैं जो पाताललोक पर आक्रमण करने वाली है। इनसे पूछताछ करो और इनके योजनाओं का पता लगाओ।'"

ऋषि ने भगवान राम की (परम) आत्मा की ओर देखा और पूछा — "हे आत्मा, तुम कौन हो?" "मैं नल हूँ।" भगवान राम ने उत्तर दिया। रावण, जो उस समय मही के शरीर में उपस्थित था, तुरंत बोला — "नहीं! यह नल नहीं है, यह राम है। यह झूठ बोल रहा है।"

ऋषि ने कहा — "हे मही, मुझे यह पहचानने का अनुभव है कि कोई आत्मा सत्य बोल रही है या असत्य। यह आत्मा जो कह रही है वह सत्य है। इसका नाम नल है, न कि राम। मही (रावण) ने क्रोधित होकर कहा — "हे ऋषि, तुम भ्रम में हो। यह राम है।"

[Note: ऊपर की पंक्ति में "मही (रावण)" का अर्थ है — मही की देह + रावण की आत्मा। इसे "महीरावण" न पढ़ें। पाताल प्राणी का नाम केवल "मही" था, "महीरावण" नहीं।]

ऋषि ने मही (रावण) की आँखों में देखा और कहा — "यह आत्मा वास्तव में नल ही है, लेकिन मुझे संदेह है कि तुम्हारी आत्मा मही की आत्मा है या नहीं। क्या यह संभव नहीं कि

कोई दुष्ट आत्मा मही के शरीर में प्रवेश कर गई हो और अब मेरे ज्ञान पर ही संदेह कर रही हो?"

रावण, जो मही की देह में था, डर गया। वह तुरंत सभा कक्ष से क्रोध में बाहर चला गया। अहि के हस्तक्षेप ने उसे ऋषि के ध्यान से बचा लिया। अहि ने कहा — "हे ऋषि, हमें इनके नाम से कुछ लेना-देना नहीं है। कृपया इनके योजनाओं का पता लगाओ। पता लगाओ कि इनकी सेना इस समय कहाँ है?"

"इस समय?" ऋषि ने पूछा — "हमारा 'इस समय' या उनका 'इस समय'? ... क्योंकि हमारा समय और उनका समय एक समान नहीं है।"वह अचानक भगवान राम की ओर से मुड़ गया। अहि ने पूछा — "क्या हुआ हे ऋषि? क्या आपने कुछ असामान्य देखा?" "अ... अरे... नहीं... कुछ असामान्य नहीं... उसने पहचान लिया कि मैं उसकी आत्मा में झाँकने की कोशिश कर रहा हूँ।" ऋषि ने डरभरे स्वर में उत्तर दिया।

[Note: पाताल लोक का ऋषि मानवलोक में 'नल' को मगरमच्छ की आँखों के माध्यम से देख रहा था। यहाँ समय की माया को समझें: लंका युद्ध मानवलोक में पहले ही आरंभ हो चुका था जब भगवान राम और लक्ष्मण का पाताल से अपहरण हुआ। लेकिन पाताललोक के प्राणी हमारे वर्तमान से नहीं, हमारे *भूतकाल* से संपर्क में रहते हैं।
इसलिए, पाताल का ऋषि जो देख रहा था वह यह था कि वानर सेना ने अभी समुद्र पार नहीं किया है, और नल समुद्र का सर्वेक्षण कर रहा है।]

जो कुछ भी वह देख सका, उसके आधार पर ऋषि ने राय दी — "हे अहि, यह नल उस सेना का प्रमुख लगता है जो हम पर आक्रमण करने वाली है। मैंने उसे 'चीर देने' जैसी कोई बात कहते हुए सुना। जैसा कि आप जानते हैं, मानवलोक हमारे लोक के ऊपर एक अदृश्य मोटी परत है। संभवतः वह उसी परत को चीरकर हम पर आक्रमण करने की बात कर रहा था। मैंने इस आत्मा की गतिविधियों को ट्रैक किया है। मैं मानवलोक के मानचित्र पर एक संभावित रेखा खींच सकता हूँ, जहाँ से वे हमारी परत को भेदने की योजना बना रहे हैं। हम उस रेखा के साथ सुरक्षा तैनात कर सकते हैं, ताकि मानवलोक की परत वहाँ से और मजबूत हो जाए और वे उसे भेदने में असफल हो जाएँ। इसी तरह हम उनके आक्रमण को रोक सकते हैं।"

"अद्भुत!" अहि ने इस खोज के लिए ऋषि को बधाई दी और आदेश दिया — "हे ऋषि, कृपया तुरंत वह नक्शा तैयार करें। हम तत्काल सुरक्षा तैनाती की तैयारी करेंगे।"

"हे मातंगों, " भगवान हनुमान ने निष्कर्ष निकाला — "पाताल के प्राणियों द्वारा भेजी गई यही सुरक्षा तैनाती समुद्र में जो रिज उभरा था, उसी का निर्माण बनी। तो यह है उस रिज का रहस्य। "अब यजमान चरिता की आत्मा ज्ञान से प्रकाशित हो चुकी थी। वह अर्पणम् की अधिकारी हो गई थी।

बाबा मातंग अर्पणम् का अनुष्ठान शुरू करने के लिए वेदी की ओर बढ़े, जहाँ यजमान चारिता की फलों की टोकरी रखी थी। लेकिन भगवान हनुमान ने देखा कि उर्वा कुछ पूछना

चाहता था। उन्होंने कहा — "उर्वा, अपने प्रश्न को बोलने से मत डर। खड़े हो और पूछो। "उर्वा खड़ा हुआ और बोला — "हे प्रभु, मैं सोच रहा था...

भगवान राम की आत्मा को पाताल में अपहृत किया गया था। फिर उन्होंने ऋषि के सामने स्वयं को 'नल' क्यों कहा? क्या वह झूठ नहीं था... मर्यादा पुरुषोत्तम श्रीराम का झूठ? यदि मेरा प्रश्न अनुचित हो तो कृपया क्षमा करें।"भगवान हनुमान मुस्कुराए और बोले — "वह भगवान राम नहीं थे, वह उनकी (परम) आत्मा थी जो पाताल में थी। उनकी आत्मा सर्वोच्च है। बाक़ी सभी आत्माएँ उसी आत्मा के अंश मात्र हैं। वह स्वयं को किसी भी रूप में प्रकट कर सकते हैं। पाताल में उन्होंने स्वयं को 'नल' के रूप में प्रकट किया। अब जब मैंने तुम्हें रामसेतु का रहस्य बता दिया है, तो तुम्हें यह ज्ञात हो गया होगा कि उन्होंने ऐसा क्यों किया! "उर्वा का मन अब संतुष्ट प्रतीत हो रहा था। अब होतर उर्मी को भी साहस हुआ एक प्रश्न पूछने का। उसने कहा — "हे प्रभु, पाताल के ऋषि का हमारे लोक के बारे में ज्ञान इतना कमजोर था, कि वह यह भी नहीं जान सका कि पाताल पर आक्रमण की कोई योजना ही नहीं थी!"

भगवान हनुमान ने आकाश की ओर हाथ उठाया और बोले — "हमारी दुनिया के ऊपर भी एक अदृश्य लोक है। तुम उस लोक के बारे में कितना जानते हो? "सभा में अब कोई और प्रश्न नहीं उठा। बाबा मातंग वेदी की ओर चले, जहाँ यजमान चारिता की फलों की टोकरी रखी थी और अर्पणम् का अनुष्ठान प्रारंभ किया।

विशेष टिप्पणी: यदि हम भगवान हनुमान की इन लीलाओं के अध्यायों की तुलना प्राचीन हिंदू शास्त्रों से करें — चाहे वह *महाभारत*, *रामायण*, *वेद* या *उपनिषद* ही क्यों न हों — तो एक बात स्पष्ट हो जाती है: आज जो रूप इन ग्रंथों का हमारे पास उपलब्ध है, वह उनका मूल रूप नहीं है। इनका कई बार अत्यधिक गलत अर्थ निकाला गया है और इन्हें विकृत किया गया है।

उदाहरण के लिए — जो *पारलौकिक (transcendental) ज्ञान* अत्यंत कठिन होता है, उसे "वरदान", "शाप" जैसी सरल किंवदंती-सरीखी कथाओं से प्रतिस्थापित कर दिया गया है। अज्ञान के सदियों बाद, मानवता को अब भगवान हनुमान की कृपा से मूल पारलौकिक ज्ञान पुनः प्राप्त हो रहा है। हमारी पीढ़ी वास्तव में अत्यंत भाग्यशाली है।

स्पष्टीकरण (संपादन-1):

जैसा कि अपेक्षित है, कुछ भक्तों को *काल की माया (illusion of time)* को समझने में समय लग सकता है। वे सभी एक बात पर ध्यान दें — वे पाताल और भूलोक को एक साथ देखने की कोशिश कर रहे हैं और संतरे की तुलना सेब से कर रहे हैं।

देखिए — सबसे पहले आपको यह तय करना होगा कि आप दुनिया को देखने या समझने का स्थान (observation point) कहाँ से चुनते हैं। आप स्वतंत्र नहीं हैं। आप या तो पाताल में हैं, या भूलोक में। हम भूलोकवासी पाताल के लिए ऊर्ध्वलोक (व्याहृति) हैं। इसलिए

जब हम भूलोक से पाताल को देखते हैं, तो हमें पाताल का भविष्य दिखता है। और जब पातालवासी हमें देखते हैं, तो उन्हें हमारा भूतकाल दिखता है।

कल्पना कीजिए कि आपके पास एक ऐसी यंत्र है जिसके माध्यम से आप पाताल को देख सकते हैं। कल्पना करें कि आप समुद्र किनारे खड़े हैं, जहाँ *नल समुद्र का सर्वेक्षण* कर रहा है। तो आप पाताल में क्या देखेंगे? आप देखेंगे कि भगवान राम और लक्ष्मण की आत्माएँ वहाँ हैं और ऋषि उनकी पूछताछ कर रहा है।

अब कल्पना कीजिए कि आप पाताल में हैं और आपके पास एक यंत्र है जिसके माध्यम से आप भुलोक को देख सकते हैं। कल्पना करें कि आप उसी सभा कक्ष में हैं, जहाँ ऋषि *भगवान राम और लक्ष्मण की आत्माओं से प्रश्न कर रहा है।* यदि आप वहाँ से भुलोक को देखें — तो आपको क्या दिखाई देगा? आप देखेंगे कि नल समुद्र का सर्वेक्षण कर रहा है।इसलिए सबसे पहले आपको यह तय करना होगा कि आपका देखने का बिंदु (observation point) कहाँ है। यदि आप ऐसा स्थान चुनते हैं जो न तो पाताल है, न ही भूलोक — तो वह कोई तीसरी दुनिया है। फिर आपको उस तीसरे लोक का पाताल और भुलोक के साथ 'समय संबंध (Time Relationship)' जानना होगा और उस संबंध को ध्यान में रखते हुए ही भूलोक और पाताल की घटनाओं को समझना होगा।

3

अस्तित्व का रहस्य: कैसे एक औरत अधिकतम 60,000 बच्चों को जन्म दे सकती है !

जब बाबा मातंग ने यजमान चरिता के लिए अर्पण का विधि विधान पूरा किया, प्रसाद का समय आया, हनुमान जी ने चरिता से पूछा - "हे नादान, जिस श्रद्धा से तुमने अपने कर्मों का अर्पण किया, मैं प्रसन्न हूँ। बताओ, प्रसाद में क्या प्राप्त करने की इच्छा है?

चरिता ने अंदर ही अंदर संतान की इच्छा प्रकट की। वह पिछले कुछ महीने से संतान पाने की कोशिश कर रही थी लेकिन सफलता नहीं मिल रही थी। यह इच्छा हनुमान जी के सामने प्रकट करने की उसकी हिम्मत नहीं हुई। उसके होठों पर अंततः जो शब्द आए, वे थे - हे हनुमान जी हम मातंग तो केवल परम ज्ञान की इच्छा रखते हैं। कृपया वह ज्ञान दीजिए जो मोक्ष की ओर ले जाता है। "हनुमान जी मुस्कराए, उन्हें उसकी अप्रकट इच्छा का आभास था। जब इच्छाओं का नाश हो जाता है तभी आत्मा मोक्ष के पथ पर बढ़ती है। इसलिए हनुमान जी को उसे कुछ ऐसा बताने की सूझी जिससे या तो उसकी इच्छा नष्ट हो जाए, अथवा वह इच्छा कुछ इस तरह पूरी हो जाए कि वह आगे इच्छाओं को न जगाए।

उन्होंने उर्वा, जो कि 20-25 साल की उम्र का मातंग है, की ओर देखा जो सभा में शांति से बैठा हुआ था। हनुमान जी ने अपने हाथ से उर्वा की ओर इशारा किया और मातंगों से पूछा - "हे मातंगों, आप सबको कैसे पता कि इस विश्व में उर्वा नाम का कोई मानव है जो इस समय आप सबके बीच बैठा हुआ है? जब हनुमान जी से उर्वा के अस्तित्व को इस तरह से चुनौती दी, तो उर्वा के मन में भय की तरंग दौड़ गई।

उर्मी, एक लड़की जो 20-25 साल की ही है, और जो उस पूजा की होतर की भूमिका निभा रही थी, खड़ी हुई। होतर का काम होता है पूजा में चर्चा चलाना जिससे कि हनुमान जी मातंगों को ब्रह्म ज्ञान दे सकें। उसने उत्तर दिया - "हे हनुमान जी, मैं उर्वा को अपनी आंखों से देख सकती हूँ, मैं उसकी तरफ चलकर उसे छू सकती हूँ। मैं उसके साथ बोल सकती हूँ। मैं उसे सुन सकती हूँ। मैं उसके साथ कई प्रकार से आदान-प्रदान कर सकती हूँ। जिससे मुझे पता चलता है कि वह वहाँ पर वास्तव में उपस्थित है। जिससे हम सबको उसके अस्तित्व का भान है। जब उर्मी बोल रही थी तब हनुमान जी ने उसकी तरफ देखा तक नहीं। वे उर्वा की तरफ रहस्यमय तरीके से देख रहे थे। वे बोले... "तो अगर मैं उसे वहाँ से गायब कर दूँ, तो उसका अस्तित्व समाप्त हो जाएगा, है न?"

नहीं प्रभु," उर्मी तुरंत बोली - "मेरा अर्थ है, अगर वह वहाँ से गायब भी हो जाता है तो उसका अस्तित्व हमारी यादों में बना रहेगा। हम सबकी उसके बारे में बहुत सी यादें हैं। उसकी माता को याद रहेगा कि कैसे उन्होंने उसको 9 महीने अपने गर्भ में रखा, कैसे उन्होंने जीवन के उतार-चढ़ाव में उसकी बढ़त होते देखी। उसके पिता को उसके जन्म से लेकर अब तक के सभी क्षणों की स्मृति रहेगी। बाबा मातंग को याद रहेगा कि ...

अगर मैं आप सबके मन से उर्वा की सभी स्मृतियाँ मिटा दूँ, तो क्या उसका अस्तित्व समाप्त हो जाएगा?" हनुमान जी ने पूछा, उर्वा को ऐसे घेरते हुए जैसे वे उसको वाष्प में बदलने वाले थे। जब उर्मी हनुमान जी के प्रश्न पर विचार कर रही थी, उर्वा खड़ा हुआ। उसकी देह भय से काँप रही थी, उसने उस भय को अपनी आवाज में न लाने का प्रयत्न किया। अपने हाथ जोड़कर बोला - हे प्रभु, मैं आपको पूर्णतया समर्पित हूँ। मेरा अस्तित्व आपके कारण है, और मैं खुशी-खुशी आपके चरणों में न्यौछावर हो जाऊँगा।

उर्वा के इस कथन से बाबा मातंग के चेहरे पे बड़ी सी मुस्कान आ गई। वह इस बात पर गर्व कर रहे थे कि युवा होने के बावजूद उर्वा में सच्चे मातंग के गुण थे। उन्हें यह आभास नहीं था कि उर्वा की देह भय से काँप रही थी और समर्पण के मधुर शब्द वह इस दूरस्थ आशा में बोल रहा था कि हनुमान जी का क्रोध शांत हो जाए। उर्मी ने अपना सारा ज्ञान निचोड़ा और उत्तर दिया - "हे चिरंजीवी हनुमान, उर्वा मात्र हमारी स्मृति में ही उपस्थित नहीं है, उसने अपनी आत्मा का चिन्ह विश्व के कण-कण पर छोड़ा है। वह रात को सितारों से बतियाता है, अतः सितारों की स्मृति में भी वह है, वह पशु-पक्षियों से बतियाता है, अतः उनकी स्मृति में भी है। वह चट्टानों पर कलाकृतियाँ बनाता है। वे कलाकृतियाँ उसके अस्तित्व का सबूत हैं। जब वह चलता है, रेत पर उसके पदचिन्ह छूटते हैं। बचपन से अब तक इसने जितने भी पदचिन्ह धरती में छोड़े हैं, वे वर्तमान से भले ही मिट गए हों, भूतकाल में अभी भी हैं। इसने अब तक जितनी भी साँसें ली हैं, वे साँसें वायुदेव की स्मृति के चिह्नित हैं। जब यह काम करता है तो उसका सारा शरीर गर्मा हो जाता है, और जब नहाता है तो ठंडा, इस तरह इसकी देह से हुए अग्नि के आदान-प्रदान के चिन्ह अग्निदेव की स्मृति में चिह्नित हैं। इतना ही नहीं - यह भविष्य का बाबा मातंग है। अतः वह सभी मातंगों की कल्पना में भी है, जिसके

फलस्वरूप इसका अस्तित्व भविष्य में भी है।

अगर मैं उर्वा के हर आदान-प्रदान को मिटा दूँ - भूत, वर्तमान, भविष्य से, विश्व के हर कण से - उसका अस्तित्व समाप्त हो जाएगा? है न?" हनुमान जी ने टिप्पणी की। वे अब भी उर्वा की ओर ही देख रहे थे। अब उर्मी के पास कोई उत्तर नहीं था। उसने एक क्षण के लिए बाबा मातंग की ओर देखा। जब वह हनुमान जी की ओर मुड़ी तब उसने देखा कि हनुमान जी एक मटका लिए हुए थे जिसमें दूध जैसा कोई द्रव्य था। अब हनुमान जी उसकी ओर देख रहे थे, उन्होंने पूछा - "फिर से बोलो, तुमने अभी अभी क्या कहा?"

उर्मी हाथ जोड़कर बोली - "हे प्रभु जो मटकी आपके हाथ में है, मैंने उसके बारे में प्रश्न पूछा। यह क्या है और इसमें अंदर यह क्या द्रव्य है? कृपया ज्ञान दें? "हनुमान जी ने अपनी आँखें झपकाईं और सिर हिलाया, जैसे कि वे किसी अजनबी स्थान पर अचानक उठे हों। उन्होंने पूछा - "मैं समझ नहीं पाया कि यहाँ क्या चल रहा है? तुम कौन हो और यह कौन सा स्थान है?"

उर्मी ने बाबा मातंग की ओर देखा। बाबा मातंग खड़े हुए और बोले - "हे प्रभु, हम आपके प्रिय मातंग हैं। आप हमारी धरा पर 41 वर्ष बाद आए हैं। यह चरण पूजा का प्रथम दिन है। प्रथम चरण के यजमान बसंत थे और अब दूसरा चरण चल रहा है जिसकी यजमान चरिता है। अर्पण की प्रक्रिया पूरी हो चुकी है। अब प्रसाद का समय है। आपने चरिता से उसकी प्रसाद में कुछ पाने की इच्छा के बारे में पूछा है। उसने ब्रह्मज्ञान पाने की इच्छा जताई है। उसके बाद यह विचित्र मटकी आपके हाथों में प्रकट हुई है। ऐसा प्रतीत हो रहा है कि इसमें दुग्ध जैसा पदार्थ है। उर्मी इस पूजा की होतर है इसलिए उसने इस मटकी के बारे में जानने की जिज्ञासा प्रकट की है। अगर यह चरिता के लिए प्रसाद है तो कृपया बताएं वह इसे कैसे रखे और किन नियमों का पालन करे?"

ओह... हाँ, हाँ, हाँ... यह पात्र और यह द्रव्य" हनुमान जी मुस्कराए। उर्मी और बाबा मातंग ने राहत की साँस ली। "यह श्वेत द्रव्य दिखने वाली चीज 'आकाश' है।" हनुमान जी ने बताया, "यह वही द्रव्य है जो विष्णुलोक में मुक्तिसागर से पाया जाता है। यह पात्र भी साधारण पात्र नहीं है। यह पात्र देवी लक्ष्मी द्वारा प्रयोग में लाया जाने वाला पात्र है। इस पात्र में अंदर यह पदार्थ दुग्ध जैसा दिख रहा है लेकिन यदि मैं इस पदार्थ को व्यक्त होने दूँ, तो एक मानव इसमें से निकलेगा। उस मानव का नाम उर्वा है। आप लोग उसे जानते हैं, है न?

[अंग्रेज़ी में "space" शब्द का अर्थ "आकाश" होना चाहिए लेकिन व्यवहारिक भाषण में आकाश को बादलो आदि से जोड़ा जाता है। इस अध्याय में आकाश का अर्थ बहुत गूढ़ है। आकाश की जगह आप उसे "अस्तित्व" पढ़ें तो बेहतर रहेगा। लेकिन हमने "space" को "आकाश" में ही रूपांतरित किया है।]

"नहीं प्रभु," उर्मी ने उत्तर दिया - "हम उर्वा नाम के किसी मानव को नहीं जानते।" हनुमान जी अपने मुख पर चकित होने के भाव ले आए। सभी देवता हनुमान जी की इस लीला को देख रहे थे, मुस्कराए। हनुमान जी बोले - "उर्वा एक मातंग है भाई, वह आपके समाज का ही

तो हिस्सा है। एक क्षण पहले तो वह यहीं था। मैंने उसके पूरे अस्तित्व को उस पात्र में बंद कर दिया है।"सभी मातंग यह सुनकर चकित थे।

उन्होंने एक दूसरे की ओर देखा। बाबा मातंग बोले - "हे हनुमान जी, हम आपकी इस लीला को समझ नहीं पाए, मैं सभी मातंगों में वरिष्ठ हूँ, मैं पूर्ण विश्वास के साथ कहता हूँ कि उर्वा नाम का न तो कोई मातंग है और न कभी हुआ है।" "वह एक क्षण पहले इस स्थान पास खड़ा था।" हनुमान जी ने एक स्थान की ओर इशारा किया। लेकिन उस स्थान पर अब प्रेम नाम का मातंग बैठा था। बाबा मातंग हाथ जोड़कर बोले - "हे प्रभु क्षमा करें, किंतु उस स्थान पर बैठे मातंग का नाम प्रेम है। उसका नाम उर्वा नहीं है। किसी भी मातंग का नाम उर्वा नहीं है।"

"क्या?" हनुमान जी ने अपने मुख पर चकित होने के भाव और भी गंभीर कर लिए और बोले - "उर्वा आपकी परंपरा को आगे बढ़ाने वाला है, वह अगला बाबा मातंग बनने वाला है। " बाबा मातंग ने उत्तर दिया - "अगला बाबा मातंग किसी को भी घोषित नहीं किया गया है, प्रभु। हमें आशा है कि हम युवा मातंगों में से किसी योग्य मातंग को पहचान कर उसे बाबा घोषित करेंगे। लेकिन जिसका कोई अस्तित्व ही नहीं है, वह बाबा कैसे बनेगा? उर्वा नाम का हमारे बीच कोई नहीं है। "हनुमान जी ने वहाँ बैठी एक औरत की ओर इशारा किया और बोले - "यह उर्वा की माता है, क्या यह भी उसे भूल गई? "औरत खड़ी हुई और हाथ जोड़कर बोली - "हे शक्तिमान हनुमान जी, मेरा कोई पुत्र नहीं है। मेरी केवल एक पुत्री है जिसका नाम रत्ना है। उर्वा नहीं।"

हनुमान जी ने उर्मी की ओर रुख किया और बोले - "तुम तो उर्वा के बहुत समीप हो, हे उर्मी। क्या तुम भी उसे भूल गई? क्या तुम भूल गई कि वह चट्टानों पर कलाकृतियाँ बनाता है, उसने अपना चिन्ह इस विश्व में हर कण पर छोड़ा है। कुछ पल पहले तुम ही तो यह सब बता रही थी?"

उर्मी असमंजस में थी। हनुमान जी ने उर्वा के पूरे अस्तित्व को पात्र में बंद कर दिया था। उसके अस्तित्व का कोई भी चिन्ह विश्व में नहीं बचा था। उर्मी को कोई उत्तर नहीं सूझा तो बोली -

हे प्रभु, मैं किसी उर्वा को नहीं जानती। मैं उसके बारे में कैसे बता सकती हूँ जिसे मैं जानती ही नहीं? लेकिन अगर आप कह रहे हैं कि उर्वा नाम का कोई मातंग है, तो मैं आपके शब्दों पर विश्वास करती हूँ, क्योंकि हम मनुष्य हैं, हम भ्रम में पड़ सकते हैं। क्या आप हमें बता सकते हैं कि उस उर्वा नामक मातंग ने किस चट्टान पर कलाकृति बनाई है ताकि हम उन्हें देखकर उसके अस्तित्व का आभास पा सकें?

हनुमान जी ने अपने मुख से अंचभित और अविश्वास में होने का कृत्रिम भाव हटा दिया और ज़ोर से हँस पड़े — वे बोले — "हे उर्मी, तुम्हें उसकी बनाई कोई कलाकृति किसी भी चट्टान पर नहीं मिलेगी। मैंने उसके अस्तित्व का हर चिन्ह मिटा दिया है और इस पात्र में

वह बंद है। यह द्रव्य उर्वा है। अगर मैं इस द्रव्य को व्यक्त होने दूँ, तो न केवल उर्वा पुनः प्रकट हो जाएगा, बल्कि उसने भूतकाल में जो कुछ भी किया है वह भी पुनः प्रकट हो जाएगा।"

उर्मी ने पूछा — "हम उर्वा नाम के किसी व्यक्ति के अस्तित्व के बारे में नहीं जानते लेकिन देवता तो उसके अस्तित्व के बारे में जानते होंगे? क्या हम अग्निदेव और जलदेव से पूछें?"

हनुमान जी ने उत्तर दिया — "उर्वा के अग्निदेव, जलदेव आदि के साथ आदान-प्रदान भी इस पात्र में बंद है, अतः वे भी उसके बारे में नहीं जानते। केवल आकाश के देव इंद्रदेव और समय के देव कालदेव उसके बारे में जानते होंगे।"

उर्मी ने पूछा — "हे प्रभु — क्या इंद्रदेव और कालदेव अन्य देवताओं से श्रेष्ठ हैं?"

हनुमान जी ने उत्तर दिया — "हे उर्मी — जब यह आकाश का द्रव्य काल के धागे पर गिरता है तो यह विभिन्न वस्तुओं के रूप में व्यक्त होता है। उसके बाद ही जल, अग्नि आदि अस्तित्व में आते हैं। विष्णु भगवान आत्मा की इच्छा की पूर्ति करने का कार्य इंद्रदेव को देते हैं। अपने कार्य को पूरा करने के लिए इंद्रदेव को जो कुछ चाहिए वह उस श्वेत द्रव्य में है जिसको आकाश कहते हैं। इंद्रदेव को केवल यह द्रव्य मुक्तिसागर से लेकर काल के धागों पर गिराना होता है। इस तरह जीवन अस्तित्व में आता है। अतः इंद्रदेव उन सभी देवों के राजा हैं जो इस द्रव्य के काल के धागे पर गिरने के बाद कार्य में लगते हैं।"

[Note — मुख्यधारा के भक्त इसे सिनेमा प्रोजेक्टर के उदाहरण से समझ सकते हैं। जब प्रोजेक्टर से प्रकाश की किरण सिनेमा के परदे पर गिरती है तो फ़िल्म दिखाई देती है। अब कल्पना कीजिए कि प्रोजेक्टर से ऐसी किरण निकले जिससे कि वास्तविक वस्तुएँ बनने लगें — जिन्हें हम देख सकें, महसूस कर सकें, छू सकें। ऐसे प्रोजेक्टर का नाम इंद्र होगा। इंद्र देव आकाश के द्रव्य का पुंज काल के परदे पर प्रोजेक्ट करते हैं।]

"हे प्रभु, इस द्रव्य को व्यक्त होने दीजिए। हम यह जानने के लिए उत्सुक हैं कि यह उर्वा कौन है," उर्मी ने आग्रह किया।

हनुमान जी वह पात्र अपने दाएँ हाथ से बाएँ हाथ पर ले आए। उसके बाद उन्होंने दायाँ हाथ हवा में आगे फैलाया और कलाई से धीरे से घुमाया। 7 पीले धागे हवा में प्रकट हो गए। ये धागे काल के धागे थे जो सामान्यतः अदृश्य होते हैं। उन्होंने 7 धागों के एक भाग को मातंगों को पीले रंग में दिखाने की लीला की।

उर्मी ने पूछा — "हे प्रभु, क्या ये काल के धागे हैं? लेकिन ये धागे गतिमान क्यों नहीं हैं?"

हनुमान जी ने उर्मी को कोई उत्तर नहीं दिया। उन्होंने पात्र को इस तरह झुकाया कि द्रव्य उन धागों पर टपकने लगा। जैसे ही द्रव्य ने धागों को छुआ, द्रव्य धागों पर फैल गया और धागे गतिमान हो गए।

अगले ही क्षण सब कुछ बदल गया। हनुमान जी के हाथ में जो पात्र था वह अदृश्य हो गया। उनका हाथ अब उर्वा की ओर इशारा कर रहा था और उर्वा हाथ जोड़े खड़ा था, उसकी देह काँप रही थी।

"तुम भय से काँप क्यों रहे हो, उर्वा?" हनुमान जी ने पूछा।

"मैं आपको समर्पित हूँ, प्रभु — चाहे मेरा अस्तित्व समाप्त करना चाहें अथवा मुझे गायब करना चाहें — मैं पूर्णतः आपका हूँ," उर्वा बुदबुदाया। हनुमान जी मुस्कराए और बोले — "मैं तुम्हें गायब क्यों करूँ, उर्वा? "उर्वा शांत खड़ा था। उर्मी बोल पड़ी — "हे प्रभु, जैसा कि मैं कह रही थी, इसने अपने अस्तित्व का चिन्ह विश्व के हर कण में छोड़ा है। इसलिए इसके अस्तित्व को नहीं मिटाया जा सकता।"

हनुमान जी मुस्कराए और बोले — एक क्षण पहले ही मैंने इसके अस्तित्व को समाप्त किया था। मैंने इसके पूरे अस्तित्व को एक पात्र में बंद कर दिया था। उस समय आप में से कोई भी यह मानने को तैयार नहीं था कि उर्वा नाम का कोई व्यक्ति भी है। अब जबकि मैंने इसके अस्तित्व को पुनः स्थापित कर दिया, सब कुछ पहले जैसा हो गया है। अब तुम यह मानने को तैयार नहीं कि इसके अस्तित्व को मिटाया जा सकता है।

यजमान चरिता बोली — हे प्रभु — मुझे भी याद नहीं कि आपने उर्वा को क्षण भर पहले गायब किया था, लेकिन मुझे एक धुँधला सा दृश्य ज़रूर याद है। मुझे कुछ धागों के ऊपर कोई द्रव्य टपकता याद आ रहा है। वे धागे गतिमान हो गए जब वह द्रव्य उन पर गिरा। उसके पश्चात मुझे कुछ स्मरण नहीं...

हे नादान, वे काल के धागे हैं। वे तब गतिमान होते हैं जब आकाश का द्रव्य उन पर गिरता है। उसी से जीवन अस्तित्व में आता है। आप सब लोग आकाश के, समय के धागों पर पड़ने वाले प्रक्षेपण के कारण ही अस्तित्व में हो। आपकी आत्मा काल के धागों पर बैठी है। आपकी आत्मा की कुछ इच्छाएँ हैं। आकाश का द्रव्य काल के धागों पर गिरकर व्यक्त होता है और उन इच्छाओं को पूर्ण करता है। उस व्यक्त होने की प्रक्रिया में काल के धागे आगे की ओर चलते हैं। उनके साथ आपकी आत्मा भी चलती है और कुछ और इच्छाएँ धारण कर लेती है। आकाश का द्रव्य पुनः काल के धागों पर व्यक्त होकर उन इच्छाओं को पूर्ण करता है। यह क्रम ऐसे ही तब तक चलता रहता है जब तक काल में धागों से आत्मा गिर न जाए या भ्रम को पहचानकर मोक्ष को प्राप्त न हो जाए।

सभी मातंग हनुमान जी के बोले शब्दों को समझने का प्रयास करने लगे। इसलिए कुछ पल सभा में सन्नाटा रहा। फिर हनुमान जी बोले — मैं यहाँ से किसी भी व्यक्ति को कुछ इस तरह गायब कर सकता हूँ कि आप लोग यह भी भूल जाएँगे कि वह व्यक्ति कभी आपके साथ अस्तित्व में था। उसी तरह मैं यहाँ पर किसी भी व्यक्ति को कुछ इस तरह ला सकता हूँ कि आप सब लोग यह सोचेंगे कि वह पहले से ही आपके साथ था। मैंने कुछ पल पहले उर्वा के साथ ऐसा ही किया था।

इस समय एक अधेड़ उम्र का मातंग पूजा सभा में खड़ा हुआ और हाथ जोड़कर बोला — जब किसी व्यक्ति की मृत्यु होती है, प्रभु — तब आपको उस व्यक्ति का पूरा अस्तित्व मिटा देना चाहिए ताकि वह मृत व्यक्ति से संबंधित चीज़ें और यादें भी मिट जाएँ। आप मृत व्यक्ति की यादें और चीज़ें क्यों छोड़ देते हैं जो उसके प्रियजनों को दुख देती हैं?

हनुमान जी को यह देखकर अच्छा लगा कि एक साधारण मातंग ने चरण पूजा में प्रश्न किया। उन्होंने उत्तर दिया — आपकी आत्मा को दुख का अनुभव इसलिए होता है क्योंकि आपकी आत्मा दुख की इच्छा प्रकट करती है।

दुख की इच्छा कोई नहीं करता प्रभु। सभी केवल सुख की इच्छा करते हैं।" उर्मी ने टिप्पणी की। हनुमान जी मुस्कराए और बोले — सुख और दुख एक-दूसरे से जुड़े हुए हैं। अगर आप सुख की इच्छा रखते हैं तो आप अप्रत्यक्ष रूप से दुख की इच्छा भी रखते हैं। इसलिए न सुख की इच्छा करो, न दुख की। तब आपको मुक्तिसागर में स्थान मिलेगा जहाँ न सुख है, न दुख।

यजमान चरिता ने पूछा — हे प्रभु, मुझे पीले धागों पर श्वेत द्रव्य गिरने का धुंधला दृश्य क्यों दिखा? आपने उर्वा के साथ अभी जो किया, उसका दृश्य किसी अन्य मातंग को क्यों याद नहीं है?

हनुमान जी ने उत्तर दिया —

हे चरिता, कल्पना करो कि मैंने उर्वा के पूरे अस्तित्व को एक पात्र में इकट्ठा कर लिया। वह एक श्वेत द्रव्य जैसा दिखाई देगा। अगर मैं उस द्रव्य को पुनः मुक्त कर दूँ, कुछ नहीं बदलेगा। सब कुछ वैसा ही हो जाएगा जैसा अस्तित्व के पात्र में इकट्ठा करने से पहले था।

लेकिन कल्पना करो, अगर मैं आकाश द्रव्य की एक बूँद अपने पास रख लूँ और बाकी को व्यक्त होने के लिए मुक्त कर दूँ? वह एक बूँद उर्वा के संसार को पूरी तरह बदल सकती है। उदाहरण के तौर पर — अगर वह बूँद त्वचा के रंग के लिए जिम्मेदार है, तो उर्वा की त्वचा का रंग चला जाएगा। उसकी त्वचा पारदर्शी हो जाएगी। वह एक बूँद न केवल उर्वा को बदल देगी, बल्कि आप सबको भी बदल देगी। क्योंकि आपके बीच एक असाधारण त्वचा का मानव रहने लगेगा। और सबका विश्व को देखने का दृष्टिकोण बदल जाएगा।

हे चरिता, मैंने उर्वा के अस्तित्व में से कोई बूँद तो नहीं निकाली है लेकिन थोड़ा सा परिवर्तन अवश्य किया है। वह परिवर्तन तुम्हें तुम्हारी इच्छा की पूर्ति में सहायक बनने के लिए किया है। इसलिए तुम्हें वह धागों और द्रव्य का दृश्य याद रह गया। यह तुम्हारी इच्छा-पूर्ति में सहायक बनेगा।"

उर्मी ने बसंत की ओर देखा जो चरण पूजा के पहले यजमान थे। उनकी अपने रत्न पाने की इच्छा अभी पूरी नहीं हुई थी। उर्मी ने उनकी ओर इस जिज्ञासा में देखा कि क्या उनकी इच्छा-पूर्ति के लिए हनुमान जी ने कोई परिवर्तन किया है? लेकिन उनके मिज़ाज में ऐसा कुछ नज़र नहीं आ रहा था।

हनुमान जी बोले —

उर्वा नाम के एक ऋषि थे। उन्होंने आकाश के द्रव्य पर इतने प्रयोग करने शुरू कर दिए थे कि स्वयं इंद्रदेव उनकी खोज से अपने अस्तित्व को खतरा मानने लगे थे। हालाँकि उर्वा ने अपनी खोजों का प्रयोग बुरे कार्यों के लिए कभी नहीं किया, किंतु वे किसी का भी भाग्य बदलने की शक्ति धारण कर चुके थे।

उर्वा ऋषि, राजा सगर के गुरु थे और राजा सगर, भगवान राम के पूर्वज थे। राजा सगर का जीवन उर्वा ऋषि के कारण ही था। जब राजा सगर अपनी माता के गर्भ में थे, तब उनके पिता की मृत्यु हो गई थी। उनके पिता अपना राज्य गंवा चुके थे और जंगल में रहने लगे थे। शत्रु बहुत थे। उनके पिता की मृत्यु के बाद शत्रुओं ने उनकी माता को मारने के लिए ढूँढना शुरू कर दिया था। तब उर्वा ऋषि ने उनकी माता की जान बचाई थी। जब सगर पैदा हुए तब ऋषि उर्वा ने उन्हें शिक्षित और दीक्षित किया। बड़े होने पर सगर ने अपने पिता के शत्रुओं को पराजित कर अपना खोया हुआ राज्य हासिल किया।

राजा बनने के पश्चात भी राजा सगर प्रायः उर्वा ऋषि के आश्रम में जाया करते थे। एक बार उन्होंने वहाँ अपनी पत्नी सुमति के साथ जाने का विचार बनाया। जब भी वे जाते थे तो वे उर्वा ऋषि के पुत्र ऋषिक के लिए मोदक अवश्य ले जाते थे। उन्हें पता था कि ऋषिक को मोदक बहुत पसंद हैं, इसलिए वे विशेष रूप से राज रसोई से मोदक बनवाते थे।

जिस दिन वे आश्रम को कूच करने वाले थे, उससे दो दिन पहले सुमति ने राजा के खानसामे को मोदक तैयार करने का आदेश दे दिया था। जिस शुभप्रभात राजा सगर और सुमति आश्रम की ओर अपनी यात्रा की तैयारी कर रहे थे, तब आश्रम में ध्यानरत मुनि उर्वा को भविष्यदर्शन हुआ। उन्हें दर्शन हुआ कि सगर और सुमति रास्ते में एक भू-स्खलन के कारण मृत्यु को प्राप्त होने वाले हैं।

ऋषि उर्वा के पास उन्हें बचाने का एक ही विकल्प था, कि वे तुरन्त संदेश भेजें कि वे उस रास्ते से न आएँ जहाँ भू-स्खलन होने वाला था। लेकिन ऋषियों को भविष्यदर्शन में जो दिखे, उसे उजागर करने की अनुमति नहीं होती। यदि वे उजागर करते हैं, तो उनकी भविष्यदर्शन की शक्ति चली जाती है। इसलिए यह विकल्प उचित नहीं था।

ऋषि उर्वा ने अपनी उसी खोज का प्रयोग करने की सूझी जिससे इन्द्रदेव उनसे नाराज़ थे — किसी भी अस्तित्व को पूर्णतः मिटाने की खोज। ऋषि उर्वा स्वयं अपने पुत्र पर इस खोज का प्रयोग कर रहे थे। वे अपने पुत्र ऋषिक के अस्तित्व को एक पात्र में बंद करने में कुशल हो गए थे। जब राजा सगर और रानी महल से निकलने की तैयारी कर रहे थे, तब ऋषि उर्वा ने अपने आश्रम में अपने पुत्र ऋषिक के अस्तित्व को मिटा दिया — अर्थात ऋषिक से संबंधित सभी स्मृतियाँ और चिह्न एक पात्र में बंद हो गए।

जब राजा और रानी महल से निकले, उनका राज-खानसामा भागता हुआ आया, वह चिल्ला रहा था — हे राजन्, हे महारानी, आप ये मोदक अपने साथ ले जाना भूल गए! " रानी सुमति बोलीं — "मोदक? किसके लिए? हम ऋषि उर्वा के आश्रम में मोदक क्यों ले जाएँ?" "मुझे नहीं पता महारानी," खानसामे ने उतर दिया — "आपने मुझे इस यात्रा के लिए मोदक बनाने का आदेश दिया था।

नहीं, तुमसे कोई भूल हुई है। मैंने मोदक बनाने का कोई आदेश नहीं दिया।" रानी ने उतर दिया। ऋषि उर्वा के पुत्र और मोदकों के बारे में सब कुछ उनकी स्मृति से उड़ गया था क्योंकि ऋषि उर्वा ने अपने पुत्र का अस्तित्व मिटा दिया था।

राजा और रानी बिना मोदक लिए ही रवाना हो गए। जब वे ठीक उस स्थान के पास पहुँचे जहाँ भू-स्खलन होना निश्चित था, उर्वा ने अपने आश्रम में अपने पुत्र के अस्तित्व को पुनः स्थापित कर दिया। ऋषिक के बारे में सभी स्मृतियाँ और चीज़ें विश्व में पुनः व्यक्त हो गईं। राजा और रानी के मन में भी ऋषिक की स्मृति लौट आई। उन्हें आभास हुआ कि वे महल में मोदक भूल आए हैं। उन्होंने अपना काफ़िला रुकवाया।

जब वे सोच ही रहे थे कि महल से मोदक कैसे मँगवाएँ — वे स्वयं जाएँ या सैनिक भेजें — तभी उनसे कुछ मीटर की दूरी पर भू-स्खलन शुरू हो गया। उन्होंने केवल इतना माना कि उन्होंने अपना काफ़िला ठीक समय पर रोक लिया। उन्हें आभास नहीं था कि उनकी जान ऋषि उर्वा की खोज ने बचाई थी।

जब महल से मोदक आ गए तो उन्होंने दूसरा रास्ता पकड़ा और ऋषि उर्वा के आश्रम पहुँचे।"

उन्होंने आश्रम में शांतिपूर्ण समय बिताया और ऋषि उर्वा के साथ अच्छा वार्तालाप किया। ऋषि उर्वा ने ध्यान दिया कि रानी सुमति का मन पूर्णतः शांत नहीं था। उन्होंने अपने ज्ञान के शब्दों से रानी को सम्मोहित किया जिससे उनके मन की भावनाएँ बाहर आईं। उन्होंने बताया — "गुरुदेव, छोटी रानी ने आपकी कृपा से असमंजस नामक बच्चे को जन्म दिया है। राजवंश असमंजस के ज़रिए आगे बढ़ेगा। राजन खुश हैं, मैं भी खुश हूँ। मैं असमंजस को अपना ही बच्चा मानती हूँ। लेकिन कहीं अंदर से मुझे औरत के रूप में अपूर्णता का आभास होता है। मातृत्व का अनुभव करने की इच्छा मर नहीं रही है जिससे मेरा मन अशांत रहता है। आपने बताया कि मेरा गर्भ बच्चा सँभालने के सक्षम नहीं है। मुझे पता है कि मैं कभी माँ नहीं बन पाऊँगी किंतु मेरा मन यह सत्य स्वीकार नहीं कर पाया है।

तुम्हें किसने बताया कि तुम माँ नहीं बन सकती?" ऋषि उर्वा ने कहा, "मैंने तो तुम्हें केवल इतना बताया कि तुम्हारा शरीर बच्चा धारण नहीं कर सकता। इसका यह अर्थ नहीं है कि तुम बच्चे को जन्म नहीं दे सकती। तुम्हारे पास किसी अन्य औरत की भाँति ही 60,000 बच्चों को जन्म देने की शक्ति है।

साठ हज़ार?" रानी ने आश्चर्य से कहा। "यह तो मानवीय क्षमता के अनुसार असंभव मालूम पड़ता है, गुरुदेव," राजा ने कहा। "जीवन को अस्तित्व में आने के लिए केवल दो चीज़ें आवश्यक होती हैं — काल के धागे और आकाश का द्रव्य," ऋषि उर्वा ने बताया। "एक जीवन को व्यक्त होने के लिए 7 समय के धागों की आवश्यकता होती है।

हे सुमति — तुम समय के 7 धागों पर विराजमान हो।

हे सगर — तुम भी समय के 7 धागों पर विराजमान हो।

लेकिन एक अंतर है — पुरुष के समय के धागे तने की तरह सीधे होते हैं जबकि महिला के धागे वृक्ष की शाखा की तरह होते हैं। जैसे शाखा से टहनियाँ प्रस्फुटित होती हैं, समय के छोटे रेशे औरत के समय के धागों से निकलते हैं।

एक महिला 4,20,000 समय के रेशे निकाल सकती है। एक जीवन के लिए 7 रेशों की आवश्यकता होती है, अतः वह कुल 60,000 बच्चों की माँ बन सकती है।"

राजा सगर ने पूछा — "गुरुदेव, तो फिर नए जीवन को व्यक्त करने में पुरुष की क्या भूमिका है?"

ऋषि उर्वा ने उतर दिया — समय के रेशे तब तक जीवन को अपने ऊपर धारण नहीं कर सकते जब तक वे गतिमान न हो जाएँ। समय के रेशे तभी गतिमान होते हैं जब आकाश का द्रव्य उन पर पड़ना शुरू हो जाता है। जब आकाश का द्रव्य काल के धागों पर पड़ना बंद हो जाता है, जीवन का अस्तित्व समाप्त हो जाता है। अपने अस्तित्व की कल्पना करो, हे सगर। तुम्हारा अस्तित्व इसलिए है क्योंकि तुम समय के 7 धागों पर विराजमान हो जिन पर आकाश का द्रव्य लगातार गिर रहा है — तुम्हारे काल के धागों पर आकाश का द्रव्य, आकाश के देवता इन्द्र गिरा रहे हैं।

[Note — इस घोर अज्ञानता के युग की एक मिथ्या प्रसिद्धि है कि इन्द्र वर्षा के देव हैं। अब आप कल्पना कर सकते हैं कि यह मिथ्या कैसे प्रचलित हुई। इन्द्र आकाश के द्रव्य की वर्षा समय के धागों पर करते हैं। वे उस साधारण पानी की वर्षा नहीं करते जो वर्षा ऋतु में आप देखते हैं। वे संसार चलाने में योगदान देने वाले सभी देवताओं के राजा हैं।]

राजा सगर ने पूछा — गुरुदेव, अगर आकाश का द्रव्य देव गिरा रहे हैं, तो एक पुरुष की नए जीवन को व्यक्त करने में क्या भूमिका है? महिला सीधे इन्द्रदेव से ही प्रार्थना कर सकती है — 'हे इन्द्र, मैंने समय के 7 रेशों को अलग किया है, कृपया आकाश का द्रव्य उन रेशों पर गिराइए ताकि उन पर नए जीवन व्यक्त हो सकें।

आकाश के देव इन्द्रदेव पुरुष के माध्यम से प्रकट होते हैं और समय के देव कालदेव महिला के माध्यम से व्यक्त होते हैं," ऋषि उर्वा ने वर्णन किया।

मान लो कि तुम्हें इन खेतों में पानी लाना है। यहाँ से 8 मील की दूरी पर नदी बह रही है। यहाँ तक पानी लाने के लिए तुम वहाँ से यहाँ तक नहर बनाओगे या वहाँ से जहाँ से नदी की शुरुआत होती है?

आकाश का द्रव्य मुक्तिसागर से आता है। इस द्रव्य की एक धारा तुम तक पहले से ही पहुँच रही है। नया जीवन व्यक्त करने के लिए इन्द्रदेव को उसी धारा से नई धारा निकालने की आवश्यकता है, न कि मुक्तिसागर से नई धारा लाने की। मैं इन्द्रदेव से कैसे प्रार्थना करूँ कि वे मेरी धारा से नई धारा निकालकर नया जीवन व्यक्त करें?" राजा सगर ने पूछा।

ऋषि उर्वा ने उतर दिया — "हे सगर, तुम्हारे आकाश की धारा तुम्हारे समय के धागों पर गिरकर उन सभी चीजों का निर्माण करती है जो तुम अपने आसपास देखते हो। अगर तुम चाहते हो कि इन्द्र तुम्हारी आकाश की धारा से नई धारा निकालकर नया जीवन व्यक्त करें, तो तुम्हें अपने चारों ओर की सभी चीजों को मिटाना होगा — केवल एक पल के लिए। उस पल में इन्द्रदेव तुम्हारी आकाश-धारा से एक नई धारा निकालकर उसे तुम जहाँ चाहो वहाँ दिशा दे देंगे।"

ऋषि उर्वा ने उत्तर दिया — हाँ, अगर तुम सुमति के साथ संतान चाहते हो तो जिस समय इन्द्र तुम्हारी आकाश-धारा को बाँटें, उस समय तुम्हारी आत्मा का सुमति की आत्मा के समीप होना आवश्यक है।

रानी सुमति ने पूछा — लेकिन गुरुदेव, आपने तो कहा था कि मेरी देह बच्चा धारण नहीं कर सकती। तो फिर मैं माँ कैसे बन सकती हूँ?

ऋषि उर्वा ने उत्तर दिया — सैद्धांतिक रूप से एक छोटी लड़की के अंदर भी 4,20,000 समय के रेशे होते हैं। लेकिन आत्मा हमेशा देह के प्रति रक्षात्मक होती है। इसलिए, जब तक कोई देह बच्चा धारण करने के योग्य न हो, तब तक आत्मा समय के रेशों को प्रस्फुटित नहीं होने देती। यदि एक देह एक बच्चा धारण करने योग्य हो, तब आत्मा केवल 7 रेशों को प्रस्फुटित होने देती है।

तुम्हारी देह में एक कमी होने के कारण तुम्हारी आत्मा समय के एक भी रेशे को प्रस्फुटित नहीं होने दे रही है। यदि तुम कोई अन्य देह धारण कर लो, तो तुम माँ बन सकती हो।

अन्य देह?" रानी सुमति ने आश्चर्य से पूछा। ऋषि उर्वा ने उत्तर दिया — "मान लो कि एक औरत की देह है जो जीवित है लेकिन उसमें कोई आत्मा नहीं है (कोमा जैसी स्थिति)। अगर तुम्हारी आत्मा को यह विश्वास दिला दिया जाए कि वह देह तुम्हारी ही है, तो तुम उस देह में बच्चा धारण कर सकती हो।

लेकिन जब बच्चा उस देह से पैदा होगा तो उसमें उस देह के गुण होंगे, वह देह उसकी माता होगी, मैं नहीं? रानी सुमति ने कहा।

सुमति, अगर तुम्हारे समय के रेशे उस बच्चे को जीवन देने के लिए प्रयोग किए जाएँगे, तो उसमें तुम्हारे गुण होंगे। और तुम्हारी आत्मा उस बच्चे के साथ मातृत्व का संबंध अनुभव करेगी। जिस औरत की देह प्रयोग की जाएगी, उसकी उस बच्चे से कोई लगाव नहीं होगा, ऋषि उर्वा ने कहा।

अपने सैद्धांतिक ज्ञान को परखने की संभावना देखकर ऋषि उर्वा की आँखों में चमक आ गई। उन्होंने पूछा —
क्या तुम्हारे राज्य में कोई ऐसी औरत है जो तुम्हारे बच्चे के जन्म के लिए अपनी देह का प्रयोग करने के लिए राज़ी हो? मुझे उसकी आत्मा को उसकी देह से निकालना पड़ेगा और उसे नौ महीने तक आत्माहीन अवस्था में रहना पड़ेगा।

रानी सुमति ने उत्तर दिया —हमारे राज्य में कोई भी औरत ऐसा करने के लिए राज़ी हो जाएगी। जैसा कि आप जानते हैं, मैं रानी होने के साथ-साथ महिला मामलों की मंत्री भी हूँ। राज्य की सभी औरतें मुझसे बहुत प्यार करती हैं। वे मेरे लिए अपनी जान भी न्यौछावर कर सकती हैं।

उनके जीवन को कोई ख़तरा नहीं होगा," ऋषि उर्वा ने बताया। रानी सुमति केवल एक पुत्र चाहती थीं, लेकिन ऋषि उर्वा अपने सैद्धांतिक ज्ञान को परखना चाहते थे। उन्होंने राजा और रानी को इस प्रयोग के लिए मना लिया। 60,0000 (छह लाख) से कुछ ज्यादा औरतों

को आत्माहीन बनाया गया, जिनमें से केवल 60,000 औरतें रानी सुमति और राजा सगर के पुत्रों से गर्भवती हुईं। नौ महीने बाद सुमति 60,000 बच्चों की माँ बन गईं। हनुमान जी ने मातंगों को यह बताया।

[Note - यदि आप किसी ऐसे दंपती को जानते हैं जो निसंतान हैं, तो आप या तो इस अध्याय का लिंक उनके साथ साझा कर सकते हैं या इसका प्रिंट निकाल कर उन्हें दे सकते हैं। इससे उन्हें इच्छापूर्ति में सहायता मिल सकती है।]

इस अध्याय के रोज़मर्रा के जीवन में व्यावहारिक उपयोग —

1. अपना सौभाग्य स्वयं कैसे बनाएँ?

इस अध्याय में राजा सगर भू-स्खलन में मृत्यु को प्राप्त होने वाले थे। उनके गुरु उर्वा वहाँ से मीलों दूर थे, फिर भी उन्होंने राजा को मात्र स्मृति से छेड़छाड़ करके बचा लिया। राजा सगर और उनकी पत्नी इसलिए बच गए क्योंकि उनके मन में ऋषि उर्वा के पुत्र की स्मृतियाँ थीं। अगर आप भी अपना सौभाग्य बनाना चाहते हैं तो अपने मन में सिद्धों अथवा भगवानों की प्रिय किसी वस्तु की स्मृति होनी चाहिए।

उदाहरण: यदि आप चाहते हैं कि भगवान राम आपकी रक्षा करें तो अपने मन में उनके प्रिय हनुमान जी की स्मृतियाँ होनी चाहिए। यहाँ आप हनुमान जी की लीलाएँ पढ़कर अपने मन में उनकी स्मृतियाँ बना रहे हैं और अपना सौभाग्य सक्रिय कर रहे हैं।

2. अच्छे भविष्य के निर्माण का सूत्र —

इस अध्याय में यह बताया गया है कि हमारा अस्तित्व काल के तीन आयामों में है — भूत, वर्तमान और भविष्य। अर्थात भूत, वर्तमान और भविष्य आपस में जुड़े हैं। अगर आप अपने भविष्य को बदलना चाहते हैं तो आपको अपना वर्तमान तथा भूतकाल दोनों बदलना पड़ेगा। वर्तमान को बदलना तो आपके हाथ में है, लेकिन भूतकाल कैसे बदलें?

भूतकाल बदलने का सूत्र है: "भूलो और माफ़ करो" —

उन्हें माफ़ करो जिन्होंने आपको भूतकाल में हानि पहुँचाई है, और भूतकाल के पीड़ादायक अनुभवों को भूल जाओ।

भूतकाल का बोझ अभी पीठ पर लादकर भविष्य की ओर मत बढ़ो। अगर आप अपना भविष्य बेहतर बनाना चाहते हैं तो भूतकाल को हल्का करना ही पड़ेगा।

4

इच्छा पूर्ति का रहस्य खोला चिरंजीवी हनुमान जी ने

हनुमान जी 41 वर्षों बाद मातंगों से मिलने आए थे और यह चरण पूजा का पहला दिन था। चरण पूजा का पहला सत्र बहुत गूढ़ और गंभीर था, जिसके यजमान बसंत नामक एक मातंग थे। दूसरा सत्र नाश्ते के बाद हुआ, जो चरिता नामक मातंग महिला के लिए था।

रीति-रिवाज़ों के अनुसार, पहले हनुमान जी ने यजमान को विश्व के कुछ रहस्यों के बारे में बताया और उसकी आत्मा में ब्रह्मज्ञान का प्रकाश बढ़ाया। जब उसकी आत्मा से भ्रम की एक परत उतर गई, तो वह अर्पण के योग्य हो गई। बाबा मातंग ने उसके लिए फलों का अर्पण किया। जब अर्पण की विधि सम्पन्न हुई, तो हनुमान जी ने उससे कुछ माँगने को कहा। उसने उस ब्रह्मज्ञान की इच्छा प्रकट की जो मोक्ष की ओर ले जाता है। हनुमान जी ने उसे अस्तित्व का रहस्य समझाकर ज्ञान का प्रसाद दिया।

जब हनुमान जी का *अस्तित्व का रहस्य* समझाना समाप्त हुआ, तो प्रश्न–उत्तर का सिलसिला शुरू हुआ। उर्मी — जो उस समय होत्र की भूमिका निभा रही थी — ने चर्चा का संचालन किया।

सत्र का अंतिम प्रश्न धनुष्का नामक मातंग ने पूछा।

वह खड़ा हुआ और हाथ जोड़कर बोला — "हे हनुमान जी, आपने बताया कि जब हम सुख की इच्छा करते हैं तो हम अप्रत्यक्ष रूप से दुख की भी इच्छा करते हैं। ऐसा क्यों है? हम केवल सुख की इच्छा क्यों नहीं कर सकते? इस संसार में दुख क्यों है? संसार में केवल सुख क्यों नहीं हो सकता?"

धनुष्का ने यह सवाल बड़ी झिझक से पूछा क्योंकि हनुमान जी इस प्रश्न का उत्तर पहले ही दे चुके थे। इस उत्तर से धनुष्का को छोड़कर सभी मातंग संतुष्ट थे। जब धनुष्का ने यह

प्रश्न झिझक के साथ पूछा, तो वहाँ उपस्थित नवयुवक मातंगों की हँसी छूट गई।

हनुमान जी ने नवयुवक मातंगों को इस प्रकार हँसने से क्रोधित होकर देखा और बोले — हे मूढ़ प्राणियों! तुम्हारा मस्तिष्क अज्ञान का एक अँधेरा कक्ष है। तुम्हारा लक्ष्य है इस कक्ष से बाहर निकलना।

एक प्रश्न अँधेरे कमरे में प्रकाश की किरण की तरह होता है। तुम्हें उस प्रकाश की किरण का पीछा करना चाहिए ताकि तुम यह पता लगा सको कि किरण कहाँ से आ रही है और कमरे का द्वार किस ओर है जहाँ से बाहर निकला जा सकता है। एक प्रश्न तुम्हें द्वार के निकट ले जाना चाहिए। अगर तुम्हें अपने प्रश्न का उत्तर मिल गया है, तो उसमें खुश होने की कोई बात नहीं है। इसके बजाय तुम्हें दुखी होना चाहिए क्योंकि एक प्रश्न का समाप्त होना, उस प्रकाश की किरण का समाप्त होना है। उत्तर प्राप्त करने में किया गया संघर्ष — उत्तर से कहीं अधिक महत्वपूर्ण है। ऐसा संघर्ष तुम्हें द्वार की ओर ले जाता है, जबकि उत्तर उस प्रकाश की दिशा का अंत कर देता है।

अब वे नवयुवक मातंग गंभीर मुद्रा में आ गए थे। उनकी आँखें बता रही थीं कि वे अपने व्यवहार के लिए दुखी थे। हनुमान जी ने अब धनुष्का की ओर रुख किया। उन्होंने उसे प्रश्न पूछने के लिए शाबाशी दी और उसे आगे आने को कहा। जब धनुष्का हनुमंडल के मध्य में आ गया, तब हनुमान जी बोले — "हाँ, मानवलोक में सब ओर सुख हो सकता है। सतयुग में था भी। और कलियुग में भी कोई मनुष्य हमेशा सुखी रह सकता है।"

लेकिन प्रभु, आपने बताया था कि जब हम सुख की इच्छा करते हैं तो स्वतः ही दुख की भी अप्रत्यक्ष इच्छा करते हैं, धनुष्का ने झिझकते हुए कहा।

हनुमान जी ने अपने दिव्य चरणों के पास रखी फलों की टोकरी की ओर इशारा किया और बोले —

क्या तुम इस टोकरी में संतरा देख रहे हो? इस संतरे में दो चीजें एक साथ हैं:

रस, शेष (छिलका, गूदा, बीज आदि) | जब तुम प्रकृति से संतरे का रस माँगते हो, तो प्रकृति तुम्हें पूरा संतरा दे सकती है — केवल रस नहीं।

अगर तुम्हें केवल रस चाहिए, तो तुम्हें प्रकृति को यह बताना पड़ेगा कि संतरे में से रस कैसे अलग किया जाए और शेष को कहाँ फेंका जाए। उसी प्रकार, सुख और दुख एक ही गट्ठे में आते हैं। अगर तुम विश्व से सुख माँगते हो, तो विश्व तुम्हें पूरा गट्ठा देगा — केवल सुख नहीं। अगर तुम्हें केवल सुख चाहिए, तो तुम्हें विश्व को यह बताना होगा कि सुख के साथ गट्ठे में जो दुख है, उसे कहाँ फेंका जाए।"

दुख को फेंकना?" धनुष्का की आँखें चमक उठीं,

हे प्रभु, क्या हम दुख को ठीक उसी प्रकार फेंक सकते हैं जैसे कचरे को फेंकते हैं?

तुम्हें यह रहस्य समझाने के लिए देवराज इन्द्र की आवश्यकता होगी," हनुमान जी अपने आसन से खड़े हो गए और दोनों हाथ जोड़ लिए। सभा में उपस्थित गण ने भी वैसा ही किया। हनुमान जी ने अपनी आँखें बंद कर लीं और बोले — मैं इन्द्रदेव का आवाहन करता हूँ

कि वे इस चरण पूजा की रस्म में उपस्थित हों और मातंगों को आशिर्वाद दें।

जब इन्द्रदेव वहाँ प्रकट हुए, हनुमान जी ने उनकी प्रशंसा में स्तोत्रगान किया। वे बोले — हे मातंगों, किसी आत्मा की इच्छा की पूर्ति की जिम्मेदारी देवराज इन्द्र की है। जब आपकी आत्मा कोई इच्छा प्रकट करती है, तब त्रिदेव के नियम के अनुसार पूर्ण विश्व उस इच्छा को पूर्ण करने में जुट जाता है। जैसा कि मैंने बताया, आपके आसपास जो विश्व है, वह वास्तव में एक *माया* है। यह माया तब बनती है जब *आकाश का द्रव्य काल के धागों* पर पड़ता है। आकाश के द्रव्य का वितरण इन्द्रदेव करते हैं — अतः वे इस माया के नियंत्रक हैं। इच्छा-पूर्ति का रहस्य जानने के लिए आपको यह जानना आवश्यक है कि जब आत्मा इच्छा प्रकट करती है, तब इन्द्रदेव कैसे कार्य करते हैं।

इन्द्रदेव बोले — हे चिरंजीवी हनुमान, मैं आपके शिष्यों को *इच्छा-पूर्ति का रहस्य* समझाने में अवश्य सहायता करूँगा। हनुमान जी पुनः अपने आसन पर बैठ गए। इन्द्र फिर धनुष्का की ओर मुड़े और बोले — हे धनुष्का, कोई इच्छा प्रकट करो। मैं सुख की इच्छा करता हूँ, देवराज। धनुष्का हाथ जोड़कर और सिर झुकाकर तुरंत बोला।

इन्द्रदेव के दाएँ हाथ की हथेली पर एक अजीब द्रव्य प्रकट हुआ। वे बोले — हे धनुष्का, मेरे हाथ को देखो। अगर मैं इस द्रव्य का मंथन करूँ तो इसमें से एक *सुख* और एक *दुख* निकलेगा। तुम्हें दोनों लेने होंगे। क्या मैं इसका मंथन करूँ?

धनुष्का ने उत्तर दिया —हे इन्द्रदेव, मुझे केवल सुख दे दीजिए — मैं दुख नहीं चाहता। इन्द्र बोले — हे नादान बच्चे — अगर तुम्हें केवल सुख चाहिए तो मैं दुख को कहाँ फेंकूँ? यह पूरा द्रव्य तुम्हारी इच्छा का परिणाम है, इसलिए तुम्हें इसे पूर्णतः ग्रहण करना पड़ेगा।

धनुष्का ने पूछा —हे प्रभु, अगर ऐसा है, तो कम से कम क्या मैं यह चुन सकता हूँ कि मैं पहले क्या ग्रहण करूँ — सुख या दुख? यदि चुनने की स्वतंत्रता हो, तो मैं पहले सुख ग्रहण करना चाहूँगा और उसके बाद दुख।

इन्द्रदेव धनुष्का के पास आए और उसे कुशाग्रता से देखा। "मुझे देखने दो कि तुम इस समय क्या ग्रहण करने योग्य हो।" परीक्षण के पश्चात इन्द्र बोले — "इस समय तुम न तो सुख ग्रहण करने के योग्य हो और न ही दुख।" "लेकिन देव, मैंने तो विश्व को अपनी इच्छा प्रकट कर दी है। परिणामस्वरूप यह द्रव्य-पैकेट आपकी हथेली में प्रकट हुआ है, जिसमें एक सुख है और एक दुख। अगर आप इस *सुख-दुख* के पैकेट, जो कि मेरा है, को अपने पास रखते हैं, तो क्या यह वैश्विक नियमों का उल्लंघन नहीं होगा?"धनुष्का ने पूछा।

हे धनुष्का, मैं इस पैकेट को तब तक अपने पास रख सकता हूँ जब तक तुम उसे ग्रहण करने के योग्य नहीं हो जाते। मात्र किसी चीज़ की इच्छा कर लेने से तुम उसे प्राप्त करने के योग्य नहीं हो जाते। *कर्म* तुम्हें इस योग्य बनाते हैं कि तुम जिस चीज़ की इच्छा करो, उसे प्राप्त कर सको।" "मैं अपने कर्मों को इस योग्य कैसे बनाऊँ कि यह पैकेट प्राप्त कर सकूँ, हे देव? धनुष्का ने पूछा।

उत्तर देने के बजाय उसे एक घंटी की ध्वनि सुनाई दी।

यह उस छोटी सी घंटी की आवाज़ थी जो हनुमान जी की पूँछ में बंधी हुई थी। जब धनुष्का ने उत्सुकता से हनुमान जी की ओर देखा, वे मुस्कराकर बोले — तुम हर क्षण बदल रहे हो। किसी भी दिए गए समय पर तुम या तो अपने से कुछ अलग कर रहे हो या अपने में कुछ जोड़ रहे हो। इसी से तुम्हारा *कर्म* बदल रहा है। जब तुमने घंटी की ध्वनि सुनी, तो तुम बदल गए। ध्वनि से पहले तुम इन्द्रदेव की ओर देख रहे थे, लेकिन ध्वनि के पश्चात तुम मेरी ओर देखने लगे। इसी तरह तुम बदलते हो, और इसी तरह तुम्हारा *कर्म* बदलता है।

धनुष्का ने पूछा — "हे चिरंजीवी हनुमान, अगर मैं अपने आसपास की चीज़ों के प्रति उदासीन रहूँ तो क्या होगा? क्या तब मेरा *कर्म* अपरिवर्तित रहेगा?"

इसके पहले कि हनुमान जी कुछ कह पाते, इन्द्रदेव ने उत्तर दिया — "हे धनुष्का, तुम हर चीज़ के प्रति उदासीन नहीं हो सकते। उदाहरण के तौर पर — *काल* हमेशा गतिमान रहता है। तुम काल के प्रति उदासीन नहीं रह सकते। अगर तुम्हारे आसपास कुछ नहीं बदलेगा, तो समय तो अवश्य बदलेगा, और समय के साथ तुम्हारा *कर्म* भी बदलेगा।"

धनुष्का ने पूछा —"हे देव, मुझे ऐसा क्या करना चाहिए कि मैंने जो इच्छा प्रकट की है, उसे प्राप्त करने के योग्य हो सकूँ? मैं अपने कर्म को कैसे बदलूँ, जिससे कि आप मुझे वह *सुख-दुख का पैकेट* दे सकें, जो कि अंततः मेरा ही है?" हनुमंडल से बाहर जाकर सैर करना कैसा रहेगा? हनुमान जी ने सलाह दी, और इन्द्र ने उस पर सहमति प्रकट की। क्योंकि जब तुम चलते हो, तब भी *space* (अंतरिक्ष/अवकाश) में तुम्हारी स्थिति बदलती है, और *space में स्थिति* से भी कर्म बदलता है।

बाबा मातंग को संकेत मिल गया और उन्होंने रस्म समाप्त करने की प्रक्रिया शुरू कर दी। हनुमान जी ने अपना आसन त्याग दिया और वे अपने आसन के सामने बने *पवित्र जलकुंड* की ओर चले गए और अंतर्ध्यान हो गए। इन्द्र देव भी अंतर्ध्यान हो गए। जब बाबा मातंग ने प्रक्रिया पूरी कर ली, तब प्रार्थना सभा भंग हो गई।

जब मातंग गण हनुमंडल से निकलकर अपने घरों की ओर प्रस्थान कर रहे थे, तो धनुष्का को छोड़कर सभी शांत और मौन थे।बेचैनी में धनुष्का हर कदम सावधानी से रख रहा था। वह अपेक्षा कर रहा था कि किसी भी क्षण उसे अचानक सुख या अचानक दुख मिल सकता है। दुख तब आया जब वह अपेक्षा नहीं कर रहा था। पिछले कुछ महीनों से वह एक लकड़ी के टुकड़े पर कारीगरी कर रहा था। आकृति अच्छी बन गई थी और वह उसे अंतिम रूप दे रहा था। इससे वह आजकल बहुत खुश था। चरण पूजा की रस्म पूरी होने के पश्चात जब वह अपनी झोपड़ी में पहुँचा तो उसे अपनी आकृति टूटी हुई मिली। पानी का एक पूरा घड़ा उस पर गिर गया था जिसके कारण वह लकड़ी टूट गई थी।

उसे गहरा दुख हुआ कि उसकी इतने महीनों की मेहनत पर पानी फिर गया। दुख के उन क्षणों में वह इन्द्र के साथ हुए अपने संवाद को भी भूल गया था। कुछ मिनट बाद जब वह सदमे से

उबरा, तब इन्द्र देव वहाँ प्रकट हुए और बोले — हे धनुष्का, मेरे पास उस पैकेट में एक दुख था और एक सुख। तुम्हारे कर्म इस समय दुख के योग्य थे, अतः मैंने तुम्हें दुख दे दिया है। अब उस पैकेट में तुम्हारा एक *सुख* मेरे पास बचा हुआ है। जब भी तुम्हारे कर्म उस *सुख* के योग्य होंगे, वह सुख तुम्हें मिल जाएगा। इन्द्र देव वहाँ से अंतर्ध्यान हो गए।

धनुष्का अपनी झोपड़ी से बाहर आ गया और आशा तथा जोश में इधर-उधर टहलने लगा। कुछ समय पश्चात वह झोपड़ी में वापस आ गया। वह सोच रहा था कि आखिर उसे वह *सुख* अभी तक मिला क्यों नहीं? चरण पूजा का तीसरा सत्र शुरू होने में अभी समय था। उसने कुछ मिनट आराम करने का निर्णय लिया।

शीघ्र ही वह निद्रा में चला गया। उसने स्वप्न देखा कि हनुमान जी उसे *श्रेष्ठ शिष्य* के सम्मान में एक *रत्न* भेंट कर रहे थे।उसकी खुशी का ठिकाना नहीं था। लेकिन शीघ्र उसकी नींद खुल गई और उसने पाया कि वह तो मात्र एक स्वप्न था। इन्द्र देव पुनः उसके पास प्रकट हुए और बोले —हे धनुष्का, अब मैंने तुम्हें *सुख* भी दे दिया है।" "लेकिन वह तो *स्वप्नलोक* में था, प्रभु — यहाँ *मानवलोक* में नहीं, धनुष्का बोला।

इन्द्रदेव ने उत्तर दिया —

जब मैं देखता हूँ कि किसी आत्मा के लिए कोई इच्छा पूरी करने का आवश्यक *कर्म* मानवलोक में नहीं है, तो मैं वह इच्छा *स्वप्नलोक* में पूरी कर देता हूँ। स्वप्नलोक माया का एक लचीला संसार है जहाँ पर कोई भी आत्मा, जैसे देह, मन अथवा कर्म चाहे, धारण कर सकती है।

इन्द्रदेव का उत्तर सुनकर धनुष्का हैरान रह गया। वह क्या बोले — यह उसे समझ नहीं आ रहा था। उसने अपना *सुख* स्वप्नलोक में 'बर्बाद' कर दिया — जो कि अन्यथा उसे मानवलोक में मिल सकता था। उसने अपने विचारों को सुव्यवस्थित किया और बोला —देव, आप इंतज़ार कर सकते थे। शायद कुछ समय बाद मानवलोक में ही मेरे कर्म उस *सुख* को प्राप्त करने योग्य हो जाते। तब तक आप वह *सुख* अपने पास रख सकते थे। मुझे माफ कीजिए — लेकिन आपने मेरा वह *सुख* स्वप्नलोक में क्यों 'व्यय' किया?

इन्द्रदेव ने उत्तर दिया — क्योंकि तुमने अपनी इच्छा पर *समय सीमा* बाँध दी थी। तुम वह *सुख* तुरंत चाहते थे। तुम उस *सुख* के लिए बेचैन हो रहे थे। लेकिन उस *सुख* को तुरंत प्राप्त करने के लिए तुम्हारे पास *कर्म* नहीं थे। इसलिए मेरे पास तुम्हारी उस इच्छा को *स्वप्नलोक* में प्रदान करने के अलावा कोई विकल्प नहीं था।" "हे देव, यदि मैं अपनी इच्छा पर कोई *समय सीमा* न रखूँ, तो आप मानवलोक में कितना इंतज़ार करने के बाद उसे स्वप्नलोक में पूर्ण करने के लिए बाध्य होते हो? धनुष्का ने पूछा।

इन्द्रदेव ने उत्तर दिया — अगर तुम अपनी इच्छा पर *समय सीमा* न रखो, तो मैं *अनंत* तक इंतज़ार कर सकता हूँ। उदाहरण के तौर पर — तुम्हारी आत्मा की पिछले जन्मों से बहुत सारी इच्छाएँ लंबित हैं। जब किसी लंबित इच्छा को पूरा करने योग्य तुम्हारा कर्म हो जाता है, तो मैं उस इच्छा को पूरी कर देता हूँ, अन्यथा वह इच्छा जन्म दर जन्म यूँ ही लंबित रहती

है।

हे देव, मुझे याद नहीं कि मैंने पिछले जन्म में क्या इच्छा प्रकट की थी। पिछले जन्म की इच्छा को इस जन्म में पूरा करना तो अन्याय प्रतीत होता है।

इन्द्रदेव ने उत्तर दिया — अगर ऐसा है, तो तुम्हारा *जन्म लेना* भी अन्याय है। तुम्हें यह जन्म *पिछले जन्म की इच्छा* के कारण ही मिला है। तुम्हारा वर्तमान देह — मेरे लिए तुम्हारी *पूर्व जन्म की इच्छा* का ही परिणाम है।

धनुष्का बोला —हे प्रभु, मैं अपने पिछले जन्म की लंबित इच्छाओं से छुटकारा कैसे पा सकता हूँ?

इन्द्रदेव ने उत्तर दिया — पिछले जन्म की लंबित इच्छाओं से छुटकारा पाने की तुम्हारी यह इच्छा भी एक इच्छा ही है। और हर इच्छा की पूर्ति के लिए *योग्य कर्म* का होना आवश्यक है। किस प्रकार के कर्म, प्रभु? कृपया मार्गदर्शन करें, धनुष्का ने पूछा।

वैसे ही कर्म जो *मोक्ष* के लिए आवश्यक होते हैं। जब तुम अपनी सभी पिछली लंबित इच्छाओं से छुटकारा पा लोगे, और कोई *नई इच्छा* भी उत्पन्न नहीं करोगे,तब तुम्हें *मोक्ष* की प्राप्ति होगी, भगवान इन्द्र ने बताया।

हे प्रभु, मेरे हृदय में भय उत्पन्न हो रहा है। क्या आप बता सकते हैं कि मेरी पिछले जन्म की कौन-सी इच्छाएँ लंबित हैं? क्या वे इच्छाएँ मेरे जीवन में *सुख* लाने वाली हैं या *दुख*?

इन्द्रदेव ने उत्तर दिया — अपने पिछले जन्म में तुमने *सौभाग्य* की इच्छा प्रकट की थी। जैसा कि तुम्हें पता है — *सौभाग्य* और *दुर्भाग्य* एक ही पैकेट में आते हैं। उस पैकेट में से सौभाग्य मैंने तुम्हें पिछले जन्म में ही दे दिया था, लेकिन दुर्भाग्य नहीं दे पाया। तुम्हारा वह दुर्भाग्य अभी भी मेरे पास *लंबित* है। जैसे ही तुम्हारे कर्म उस दुर्भाग्य को प्राप्त करने के योग्य हो जाएँगे, मैं वह दुर्भाग्य तुम्हें दे दूँगा।

यह सुनकर धनुष्का भयभीत हो गया। उसने प्रार्थना की — हे प्रभु, दया कीजिए! मुझे दुर्भाग्य नहीं चाहिए। कृपया आप यह दुर्भाग्य मुझे *स्वप्नलोक* में दे दीजिए — यहाँ *मानवलोक* में नहीं।

इन्द्रदेव बोले — हे धनुष्का, *स्वप्नलोक* तो *अंतिम विकल्प* है। जब मुझे लगता है कि किसी इच्छा को *मानवलोक* में पूरा करना संभव नहीं है, तब मैं वह इच्छा *स्वप्नलोक* में पूरी करता हूँ।

हे देव, क्या मेरे कर्म पिछले जन्म में इतने अच्छे रहे हैं कि आप मुझे यह दुर्भाग्य नहीं दे पाए? मेरा मतलब — यह दुर्भाग्य अब तक *लंबित* क्यों है? आपको कौन-सी शक्ति इस दुर्भाग्य को मुझे देने से रोक रही है? धनुष्का ने पूछा।

इन्द्रदेव ने उत्तर दिया — हे धनुष्का, तुम पिछले जन्मों में *हनुमान-भक्त* रहे हो। तुम्हारी आत्मा हनुमान जी के साथ गहराई से जुड़ी हुई है, और हनुमान जी *देवी लक्ष्मी* (माता सीता) के साथ गहराई से जुड़े हैं। परिणामस्वरूप, तुम्हारी आत्मा देवी लक्ष्मी से भी गहराई से जुड़ी हुई है। जब कोई आत्मा देवी लक्ष्मी से जुड़ी होती है, तो मैं उस आत्मा को *दुर्भाग्य* नहीं दे

सकता। ऐसी आत्मा को मैं केवल —

धन, सौंदर्य, सुख और वैभव दे सकता हूँ, उसके विपरीत कुछ नहीं। लेकिन मुझे अब भी *संभावना* लग रही है कि तुम्हारी आत्मा कुछ पल के लिए ही सही — *हनुमान जी से अलग* होगी, और मुझे तुम्हें वह दुर्भाग्य देने का *मौका* मिलेगा।

धनुष्का बोला —हे प्रभु, मेरी आत्मा हनुमान जी से कभी नहीं हटेगी — एक पल के लिए भी नहीं। अतः आप मुझे यह दुर्भाग्य नहीं दे पाएँगे। धनुष्का ने यह कहते हुए राहत की साँस ली।

इन्द्रदेव बोले —जब मुझे यह विश्वास हो जाएगा, तब मैं इस दुर्भाग्य को तुम्हें *स्वप्नलोक* में देकर नष्ट कर दूँगा। लेकिन तब तक मैं इसे अपने पास ही रखूँगा।

धनुष्का ने फिर कहा —देव, अगर मेरी आत्मा एक क्षण के लिए हनुमान जी से हटती भी है, तो मैं देवी लक्ष्मी से भी जुड़ा हूँ। अतः मैं दुर्भाग्य से पूर्णतः सुरक्षित हूँ।

इन्द्रदेव ने उत्तर दिया —हे धनुष्का, तुम देवी लक्ष्मी के उतने समीप कभी नहीं हो सकते जितने कि हनुमान जी हैं। देवी लक्ष्मी से तुम्हारा गहरा सम्पर्क तुम्हारे हनुमान जी से गहरे सम्पर्क के कारण ही है। जैसे ही हनुमान जी से तुम्हारा सम्पर्क भंग होगा, देवी लक्ष्मी से भी टूट जाएगा — और मुझे तुम्हें वह दुर्भाग्य देने का अवसर मिल जाएगा।

धनुष्का ने पूछा —हे देव, क्या पिछले जन्म से मेरे दुःख और दुर्भाग्य जैसी केवल नकारात्मक इच्छाएँ ही लंबित हैं?

इन्द्रदेव बोले —तुम्हारे पिछले जन्म में *असंख्य इच्छाएँ* लंबित हैं। मैंने तुम्हें यह दुर्भाग्य वाली इच्छा केवल उदाहरण के लिए बताई है। स्वाभाविक रूप से *सकारात्मक इच्छाएँ* भी लंबित हैं। उदाहरण के तौर पर — पिछले कुछ जन्मों से मेरे पास तुम्हारा एक *सुख* लंबित है।

धनुष्का ने पूछा —हे देव, कृपया बताइए कि आप वह *सुख* मुझे क्यों नहीं दे पा रहे हैं? वह अभी तक *लंबित क्यों* है?

इन्द्रदेव बोले —हे धनुष्का, वह सुख तुम्हें *मोक्ष* से भटका सकता है। तुम्हारी आत्मा का अत्यधिक समीपत्व हनुमान जी से है, और हनुमान जी का समीपत्व भगवान विष्णु से है। परिणामस्वरूप, तुम्हारी आत्मा का अत्यधिक समीपत्व श्रीभगवान विष्णु से भी है। जब कोई आत्मा भगवान विष्णु से जुड़ी होती है, तो मैं उसे ऐसा कुछ नहीं दे सकता जो उसे *मोक्ष के मार्ग* से भटका दे — चाहे वह सुख हो या दुःख। मैं तुम्हें दुःख दे सकता हूँ, *यदि* वह दुःख तुम्हें *मोक्ष* की ओर बढ़ने में सहायक हो। मैं तुम्हें सुख दे सकता हूँ, *यदि* वह सुख तुम्हें *मोक्ष* की ओर अग्रसर करे। लेकिन यह जो सुख मेरे पास है, भगवान विष्णु मुझे इसे तुम्हें देने से रोक रहे हैं क्योंकि यह तुम्हें मोक्ष के मार्ग से *भटका* सकता है। अगर तुम्हारा हनुमान जी से समीपत्व टूट जाए, तो तुम्हारा भगवान विष्णु से भी टूट जाएगा — और मुझे वह सुख देने का अवसर मिल जाएगा।

धनुष्का बोला —हे देव, मुझे ऐसा सुख नहीं चाहिए जो मुझे मोक्ष से भटका दे। कृपया मुझे कुछ ऐसा बताइए जो मेरे पिछले जन्मों से लंबित पड़ा हो।

इन्द्रदेव बोले — जैसा कि मैंने कहा — बहुत सारी चीज़ें हैं। उदाहरण के तौर पर — तुम्हारी एक *पीड़ा* पिछले जन्म से मेरे पास लंबित है। यह पीड़ा इसलिए लंबित है क्योंकि तुम्हारी आत्मा का समीप्य हनुमान जी से है, और हनुमान जी का समीप्य भगवान शिव से है। अतः तुम्हारी आत्मा का समीप्य शिव से भी है। जब कोई आत्मा शिव से जुड़ी हो, तो मैं उसे *पीड़ा* नहीं दे सकता — क्योंकि जहाँ शिव हों, वहाँ पीड़ा नहीं हो सकती। यदि तुम्हारा हनुमान जी से समीप्य टूट जाए, तो शिव से भी टूट जाएगा — और मुझे यह पीड़ा देने का अवसर मिलेगा।

धनुष्का बोला —देव, मेरा हनुमान जी से समीप्य कभी समाप्त नहीं होगा। इसलिए आपको ये लंबित इच्छाएँ *स्वप्नलोक* में ही नष्ट करनी पड़ेंगी। मुझे केवल यह चिंता है कि जब आप ऐसा करेंगे तो मुझे बहुत *भयावह सपने* दिखाई देंगे।

इन्द्रदेव मुस्कराए और बोले — चिंता मत करो धनुष्का — मैं हर रोज़ तुम्हारी सैकड़ों इच्छाएँ *स्वप्नलोक* में नष्ट करता हूँ, और तुम्हें पता भी नहीं चलता जब मैं ऐसा करता हूँ। तुम्हारी आत्मा स्वप्नलोक की ज़्यादातर स्मृतियाँ यहाँ नहीं ला पाती। तुम्हें अपनी आत्मा द्वारा स्वप्नलोक में किए गए अनुभवों में से बहुत कम ही याद रहते हैं। (*हम सपनों का केवल बहुत छोटा सा हिस्सा ही याद रखते हैं।*)

धनुष्का बोला — देव इन्द्र, मुझे *इच्छा* और *कर्म* का ज्ञान देने के लिए कोटि-कोटि धन्यवाद। मुझे समझ आ गया है कि जब आत्मा की कोई इच्छा *मानवलोक* में पूरी करने योग्य कर्म के बिना रह जाती है, तो आप उस इच्छा को *स्वप्नलोक* में पूर्ण कर देते हैं। लेकिन तब क्या होगा यदि मैं यह *इच्छा* प्रकट करूँ कि मेरी *सभी इच्छाएँ इसी लोक में* पूरी हों, स्वप्नलोक में नहीं?

इन्द्रदेव बोले —हे धनुष्का, यदि तुम यह शर्त लगा दो कि तुम्हारी *अपूर्ण* इच्छाएँ स्वप्नलोक में पूरी नहीं की जा सकतीं, तो मेरे पास तुम्हारी *लंबित इच्छाओं* को केवल तुम्हारे *आने वाले जन्मों* में आगे बढ़ाने के अलावा कोई विकल्प नहीं बचेगा।लेकिन तब क्या होगा अगर मैं यह इच्छा करूँ कि *मेरी सभी इच्छाएँ इसी जन्म में* पूरी हों, अगले जन्म में नहीं बढ़नी चाहिए? धनुष्का ने पूछा।

इन्द्रदेव मुस्कराए — ऐसा भी होता है — और बहुत प्रायः होता है। जैसे कि एक 'ताराचंद' नामक व्यक्ति था... ताराचंद मृत्यु के कगार पर खड़ा है। उसकी तीव्र इच्छा है कि वह अपने पोते *नवदीप* की शादी देखे। इन्द्रदेव बताते हैं कि यदि इच्छा केवल "पोते की शादी देखने की" होती, तो उसे अगले जन्मों में भी पूर्ण किया जा सकता था — क्योंकि हर जन्म में कोई न कोई पोता होगा।

लेकिन यहाँ इच्छा विशिष्ट है: "नवदीप" की शादी देखना। यह एक *विशिष्ट एकल जीवन से जुड़ी इच्छा है,*

जो केवल *इसी जन्म* में पूरी हो सकती है। इसलिए, इन्द्रदेव के पास इसे स्वप्नलोक में नष्ट करने के अलावा कोई विकल्प नहीं। लेकिन समस्या यह है कि — हर बार जब इन्द्रदेव स्वप्नलोक में उसकी इच्छा नष्ट करते हैं, ताराचंद अगले दिन उठकर उसी इच्छा को फिर से प्रकट कर देता है। यह चक्र वर्षों से चल रहा है।

धनुष्का पूछता है: अगर उसकी यह इच्छा अधूरी रह जाती है और वह मर जाता है — तो क्या?

इन्द्रदेव उत्तर देते हैं:उसकी आत्मा नया जन्म नहीं ले पाएगी, क्योंकि यह विशिष्ट इच्छा अगले जन्मों में आगे नहीं बढ़ाई जा सकती। इसलिए किसी भी आत्मा को ऐसी इच्छाएँ नहीं करनी चाहिए जो अगले जन्मों में अचरणीय हों।

धनुष्का: *तो क्या वह आत्मा हमेशा के लिए अटकी रहती है?*

इन्द्रदेव: नहीं। अगर कोई ऐसा बेटा या बेटी हो जो *तर्पण* करते हुए प्रार्थना करे कि मेरे पिता की आत्मा की कोई अधूरी इच्छा हो जो आगे नहीं बढ़ सकती, तो प्रभु, कृपया उसे स्वप्नलोक में ले जाएँ और उन इच्छाओं को वहीं नष्ट करें। मैं उनका प्रिय संतान हूँ, मुझे यह अधिकार है। तब आत्मा पुनर्जन्म ले सकती है।

और यदि संतान न हो? तो कोई भी प्रिय जो उस आत्मा के लिए प्रार्थना करने का अधिकार रखता हो, तर्पण कर सकता है — जैसे कि *पिछले जन्मों में स्वयं हनुमान जी ने धनुष्का के लिए तर्पण किया था,* क्योंकि वह उन्हें पूर्णतः समर्पित था।

धनुष्का कहता है — मैंने एक सपना देखा जिसमें हनुमान जी मुझे *श्रेष्ठ शिष्य* का पुरस्कार दे रहे थे। अब मुझे लगता है कि मेरी वह इच्छा *स्वप्नलोक में नष्ट* हो गई।

इन्द्रदेव मुस्कराकर उत्तर देते हैं: तो फिर उसे *नए सिरे से प्रकट करो।* इच्छाओं को बार-बार प्रकट करने से ही उनका स्थान व काल बदलता है। अगर तुम्हारे कर्म अनुकूल हुए, तो अगली बार वह पुरस्कार *मानवलोक में प्राप्त होगा।*

[महत्वपूर्ण टिप्पणी – सपनों का सही अर्थ]

यदि आपको बुरे सपने आए — तो दुखी नहीं, प्रसन्न हों। इसका अर्थ है कि आपका वह भय या बुरा संभावित परिणाम *स्वप्नलोक में ही नष्ट* हो गया। यदि वह स्वप्न में नहीं होता, तो वह *मानवलोक में* घट सकता था।

लेकिन जब आप जागें —

- *उस स्वप्न पर सोचना बंद कर दें।*

- *वरना आपकी चेतना उस भय को पुनः एक 'इच्छा' में बदल देगी।*

उदाहरण के रूप में: यदि किसी स्त्री को सपना आए कि उसकी सास बुरी है — और वह जागने के बाद उसी दृष्टि से अपनी सास को देखने लगे, तो धीरे-धीरे सास का व्यवहार भी वैसा ही हो जाएगा जैसा स्वप्न में था — *लेकिन इसका कारण स्वप्न नहीं, उस स्त्री की जाग्रत दृष्टि होगी।* "भय भी एक इच्छा है।" जिससे आप डरते हैं, आप अप्रत्यक्ष रूप से *उसकी भी इच्छा कर रहे होते हैं।*

इसलिए:

- बुरे स्वप्न के लिए प्रभु का धन्यवाद करें — कि वह *स्वप्नलोक में* ही समाप्त हो गया।
- अच्छे स्वप्न को *नई इच्छा* के रूप में पुनः प्रकट करें, और कर्म ऐसा करें कि वह इस बार *मानवलोक में* पूर्ण हो।

5

देवी गंगा का मानवलोक में अवतरण

यह हनुमान जी के आगमन का दूसरा दिन और चरण पूजा का पहला दिन था। पूजा के दो सत्र पूर्ण हो चुके थे। पहला सत्र बसंत नामक मातंग पुरुष के लिए था और दूसरा चरिता नामक मातंग महिला के लिए था। दूसरे सत्र की समाप्ति के पश्चात धनुष्का नामक एक मातंग को स्वयं इन्द्र देव से कर्म और इच्छा का ज्ञान हुआ। चरण पूजा का तीसरा सत्र उसी धनुष्का के लिए था। जब सभी मातंग हनुमंडल में एकत्रित हो गए और हनुमान जी वहाँ प्रकट हो गए, तब धनुष्का ने इन्द्र के साथ हुए घटनाक्रम के बारे में बताया। सभी उपस्थित जनों ने उसे ध्यानपूर्वक सुना और नियुक्त लिपिक ने उसे किताब में लिपिबद्ध किया।

यजमान धनुष्का की आत्मा को अर्पण योग्य करने के लिए हनुमान जी ने ज्ञान के शब्द कहे। वे बोले — "हे मातंगों — जैसे कि मैंने पहले बताया, राजा सगर भगवान राम के पूर्वज थे, उनकी बड़ी पत्नी सुमति के भाग्य में लिखा था कि वह सदा निःसंतान रहेंगी। जब सुमति ने अपना दुख ऋषि उर्वा को बताया तो ऋषि ने उसके भाग्य को बदलने की ठान ली। उन्हें पता था कि जीवन के लिए दो चीजों की आवश्यकता होती है — 1) अस्तित्व का द्रव्य 2) काल के धागे।

उन्होंने अपने अस्तित्व-द्रव्य व काल के व्यापक ज्ञान का प्रयोग करके निष्कर्ष निकाला कि एक महिला 60,000 बच्चों की मां बन सकती है। उन्होंने एक बहुत बड़ा प्रयोग रचा जिसके तहत राज्य की 60,000 महिलाओं को आत्माहीन किया गया ताकि उन्हें गर्भ का प्रयोग करके 60,000 नए जीवन शुरू किए जा सकें। देवराज इन्द्र इस प्रयोग से अत्यंत चिंतित थे। वे ऋषि उर्वा के समक्ष प्रकट हुए और बोले — महर्षि उर्वा, मैं आपके ज्ञान का सम्मान करता हूँ और इस बात का कि आप अपने ज्ञान का प्रयोग मानवता के भले के लिए करते हैं। लेकिन आपका सुमति को बच्चे प्रदान करने का यह प्रयास जितनी समस्याओं को सुलझाता है, उससे ज़्यादा समस्याएँ पैदा करने वाला है। अस्तित्व तथा काल के ज्ञान के आधार पर आप सुमति के 60,000 बच्चों की देह का निर्माण तो कर लेंगे किंतु उन देहों के

लिए आत्माएँ कहाँ से आएँगी? एक देह तो हड्डी-मांस का साँस लेता हुआ एक ढाँचा मात्र है। उसमें चेतना तो आत्मा से आती है। जैसा कि आप जानते हैं, सुमति की संतान के रूप में आना एक भी आत्मा के भाग्य में नहीं था, तो जो 60,000 देह आप पैदा करने वाले हैं उन्हें कौन धारण करेगा?

ऋषि उर्वा जानते थे कि देवराज इन्द्र किस ओर संकेत कर रहे थे। उन्होंने उत्तर दिया — हे देवराज, मैं जानता हूँ कि एक भी आत्मा के भाग्य में सुमति की संतान बनना नहीं है। इसलिए केवल शापित आत्माएँ (सुर और असुर) ही उन देहों को धारण करेंगी। मेरा उद्देश्य केवल मेरी शिष्या सुमति को संतान का सुख देना है। इस समय मैं और किसी चीज़ के बारे में विचार नहीं करना चाहता।" देवराज इन्द्र तुरंत बोले — महर्षि उर्वा, आप भली-भाँति जानते हैं कि सुर देह में बंद रहना पसंद नहीं करते, वे स्वतंत्रता पसंद करते हैं। वे इस संसार के भिन्न सुख भोगने के लिए देह बदलते रहना पसंद करते हैं। इसलिए वे आपकी रची हुई देहों का स्वामित्व ग्रहण नहीं करेंगे। वे किसी भी देह को कुछ समय के लिए धारण कर सकते हैं। वे किसी भी देह में पूरे जीवन नहीं रुकेंगे। केवल असुर आपकी रची हुई देहों के स्वामी बनेंगे। 60,000 असुर, असुरलोक से मानवलोक में आएँगे। (असुरलोक पृथ्वीलोक की सतह से कुछ किलोमीटर ऊपर स्थित एक परत है)। वे मानवलोक को बड़ी तेजी से बर्बाद कर देंगे। इसलिए मेरी आपसे विनती है कि आप इस प्रयोग को बंद कर दें।

हे इन्द्र देव — यह मेरा अपनी शिष्या को संतान का सुख देने का गंभीर प्रयास है। यह शुरू हो चुका है। इसे अब नहीं रोका जा सकता। हाँ, मैं ब्रह्मा जी से प्रार्थना करूँगा कि वे मुक्तिसागर में लहरें पैदा करके 60,000 आत्माएँ निकालें जिन्हें विष्णु जी मेरी रची देहों को धारण करने भेज सकें।" ऋषि उर्वा ने उत्तर दिया।

देव इन्द्र बोले - महर्षि उर्वा, आप अच्छे से जानते हैं कि ऐसा होने वाला नहीं है। इसका एक पहले से निर्धारित क्रम है कि कौन सी आत्मा कब नीचे आने वाली है। ब्रह्मा जी आपकी महत्त्वाकांक्षा को संतुष्ट करने के लिए उस क्रम का उल्लंघन नहीं करेंगे।

इन्द्र के अलावा भी कई देवों तथा ऋषियों ने ऋषि उर्वा को मनाने की कोशिश की लेकिन सब बेकार गया। उर्वा अपने आपको इस प्रयोग के लिए वचनबद्ध कर चुके थे। अब उनके लिए इसको रोकना सम्भव नहीं था, चाहे कुछ भी हो जाए। अन्ततः देव इन्द्र की बुरी शंकाएँ उस समय सिद्ध हो गईं जब ऋषि उर्वा द्वारा रची गई देह 60,000 देहों को असुरों ने धारण कर लिया। राजा सगर और रानी सुमति के सभी 60,000 पुत्र असुर थे। जैसे-जैसे वे बड़े हुए, उन्होंने अपना बुरा चरित्र दिखाना शुरू कर दिया। जब तक वे व्यस्क अवस्था में पहुँचे, राज्य के सभी नागरिक उनके बुरे चरित्र से सताए जा चुके थे।

अब ऋषि उर्वा को अपनी गलती का एहसास हुआ। उन्होंने इस बारे में ऋषि कपिल से मशविरा किया और देव इन्द्र के साथ मिलकर उन 60,000 असुरों से पीछा छुड़ाने की योजना बनाई। उस समय राजा सगर ने अश्वमेध यज्ञ रचा रखा था। इस यज्ञ में एक घोड़ा छोड़ा जाता है जो अपनी मर्जी से जहाँ चाहे वहाँ जाता है। जो उस घोड़े को अपनी ज़मीन से गुजरने

देते हैं वे राजा का शासन स्वीकार करते हैं। जो घोड़े को बाँध लेते हैं वे राजा के शासन को चुनौती देते हैं।

योजना के अनुसार राजा सगर का यज्ञ घोड़ा कपिल मुनि के आश्रम पहुँचा। उसके पीछे-पीछे जब राजा के 60,000 पुत्र पहुँचे, उन्हें घोड़ा वहाँ सोया हुआ मिला। लेकिन वह बँधा हुआ नहीं था। उन्होंने घोड़े को जगाने का प्रयास किया लेकिन नहीं कर पाए। उन्होंने ध्यान मग्न ऋषि कपिल का रुख किया और अहंकार के स्वर में बोले — हे भद्दे जंगली — तुमने अपने आश्रम में यह कैसा घास उगा रखा है कि हमारा घोड़ा इतनी गहरी नींद सो गया? तुमने घोड़े को बाँधा नहीं है, यह दर्शाता है कि तुम राजा के शासन को चुनौती नहीं देना चाहते हो। हमें इस घोड़े को जगाने का उपाय बताओ, अन्यथा मरने के लिए तैयार हो जाओ।

जब ऋषि कपिल ध्यान से नहीं उठे तो उन 60,000 असुरों ने आश्रम को तहस-नहस करना शुरू कर दिया। उन्होंने ऋषि की देह को अपने तीरों से असमान रूप से चुभाया।

अन्ततः ऋषि कपिल ध्यान से उठे। वे शांत थे। उन्होंने आसपास देखा तो अपने आश्रम को तहस-नहस हुआ पाया। तब भी वे शांत रहे और असुरों पर मुस्कराए। फिर वे घोड़े के पास गए और उसका गंभीरता से निरीक्षण करके बोले – हे मूर्खों, घोड़ा सो नहीं रहा है। इस घोड़े का अपहरण हो चुका है, वह भी पाताल में। इसकी केवल देह रह गई है, इसकी आत्मा पाताल में जा चुकी है। पाताल के लोगों की हमारे घोड़े का अपहरण करने की हिम्मत कैसे हुई? उनकी हमारे शासन को चुनौती देने की हिम्मत कैसे हुई? हम पाताल के लोगों के विरुद्ध युद्ध की घोषणा करते हैं। 60,000 असुरों का नेता चिल्लाया। "हा, हा, पाताल में विरुद्ध युद्ध!" बाक़ी असुर भी एक स्वर में चिल्लाए।

ऋषि कपिल ने सलाह दी – हे अज्ञानीयो, राजा सगर का अश्वमेध यज्ञ केवल मानवलोक के भूगोल के लिए है। उनकी पाताल लोक पर शासन करने की कोई महत्वाकांक्षा नहीं है। इसलिए पाताल के विरुद्ध युद्ध घोषित करने से पहले अपने पिता से विचार-विमर्श कर लो। मैं राजा सगर और पातालवासियों के बीच मध्यस्थता करके घोड़ा वापस ले आऊँगा।

असुर अहंकारवश बोले – राजा सगर? हमें उस बूढ़े सड़ियाए हुए आदमी से सलाह करने की कोई आवश्यकता नहीं है। हम इस राज्य का भविष्य हैं। जो भी हमारे शासन को चुनौती देगा – हमें उसके विरुद्ध युद्ध करने का पूर्ण अधिकार है।

हे अज्ञानीयो, क्या तुम्हें पाताल का मार्ग भी मालूम है? अगर तुम्हें युद्ध का रास्ता तक नहीं पता तो तुम क्या युद्ध जीतोगे? हे बुढ्ढे जंगली, अगर तुम्हें अपने जीवन की रक्षा करनी है तो हमें पाताल लोक भेजो, असुर बोले।

असुरों ने ऋषि कपिल को केवल उन्हें पाताल में भेजने के लिए बोला था, वे अपनी अज्ञानता तथा अहंकार के कारण उनसे उन्हें पाताल लोक से वापस लाने के लिए बोलना भूल गए। ऋषि ने उनके मस्तिष्क को नियंत्रण में लिया और उन्हें एकतरफा मार्ग से पाताल में भेज

दिया। वे पाताल में जाकर वहाँ फँस गए। इस तरह ऋषि कपिल, उर्वा और देव इन्द्र ने असुरों की अज्ञानता तथा अहंकार का फायदा उठाकर उन्हें पाताल में कैद कर दिया।

अब ऋषि कपिल के आश्रम में 60,000 आत्मा-हीन देह थीं। वे देह धड़क तो रही थीं लेकिन उनकी (शापित) आत्माएँ निकाली जा चुकी थीं और पाताल लोक में कैद की जा चुकी थीं। जब ऋषि उर्वा और कपिल आश्रम में पहुँचे तो ऋषि कपिल बोले — महर्षि, आपने इन देहों को रचा था इसलिए आपको यह नैतिक दिव्य अधिकार है कि आप उन्हें नष्ट करें। इससे पहले कि असुरलोक से और असुर आकर इन देहों में प्रवेश कर जाएँ, इन देहों को नष्ट कर दीजिए।

अब घोड़ा उठ चुका था क्योंकि ऋषि कपिल उसकी आत्मा को वापस ले आए थे। उन्होंने घोड़े को आज़ाद कर दिया और अपने शिष्यों के साथ आश्रम से निकल गए। ऋषि उर्वा ने आश्रम को आग लगा दी और बाहर आ गए। कुछ ही मिनटों में आग पूरे आश्रम में फैल गई। आश्रम के खेतों में खड़ी गेहूँ की खेती जलकर राख हो गई और उसके साथ वे 60,000 देह भी।

ऋषि उर्वा ने राजा सगर को उनके पुत्रों के बारे में सूचना दे दी। अगली सुबह पूरे राज्य को यह सूचना मिली — राजा सगर के 60,000 पुत्र ऋषि कपिल के क्रोध के शिकार बन गए। ऋषि कपिल ने उन्हें अपनी साधना शक्ति से जला दिया। राज्य के सभी नागरिकों ने यह सूचना सुनकर राहत की साँस ली।

बुराई संक्रामक होती है। उन 60,000 असुरों की बुराई अब केवल उन्हीं तक सीमित नहीं रही थी। अब यह राज्य के अन्य लोगों में भी फैल गई थी और एक महामारी का रूप ले रही थी। अतः समस्या पूर्णतः समाप्त नहीं हुई थी। अब चुनौती थी — बुराई के संक्रमण को राज्य के हर नागरिक के दिल, दिमाग और कर्मों से बाहर निकाल फेंकने की।

राज्य में बुराई को उधाड़ फेंकने के लिए राजा सगर ने कड़े कानून बनाए। छोटे-छोटे अपराधों के लिए कठोर सज़ा निर्धारित की गई। एक दिन न्यायालय में लंबी सुनवाई करने के पश्चात् राजा सगर कुछ विचलित से दिखाई दिए। मन की शांति हेतु वे अपने गुरु उर्वा से मिलने गए। अपने विचलित होने का कारण बताते हुए वे बोले – गुरुदेव, आज एक बंदी मेरे न्यायालय में लाया गया। उस पर आरोप था कि उसने एक कुत्ते को छड़ी से पीटकर यंत्रणा दी थी। मैंने उसे कठोर जीवन कैद की सज़ा सुना दी। मुझे लगता है कि उसे ज़रूरत से ज़्यादा दंड मिला। मैं ऐसा अन्याय हर रोज़ कर रहा हूँ। मेरे मन की शांति खो गई है। मेरा मार्गदर्शन कीजिए।

ऋषि उर्वा ने उत्तर दिया – हे राजन, आपके बनाए कानूनों में जीवन के अनुसार हर अपराध की केवल एक ही सज़ा है – कैद। लेकिन त्रिदेव के नियमों के अनुसार हर अपराध की अलग सज़ा होती है। उदाहरण के तौर पर, जिस मनुष्य ने कुत्ते को सताया उसकी सज़ा भुखमरी है। तुम्हारे कारागृहों में तो भोजन की कोई कमी नहीं है, अतः इस जीवन में तो उसे भुखमरी की सज़ा मिलने वाली नहीं है। तो उसे यह सज़ा अगले जन्म में भोगनी होगी। उसे

सज़ा देने के लिए ब्रह्मांड की शक्तियाँ उसके लिए भुखमरी की परिस्थितियाँ पैदा करेंगी, जहाँ भी वह जन्म लेगा। शायद उसकी फसल जल जाएगी अथवा चोरी हो जाएगी। भुखमरी के चलते हुए वह भी चोरी करने की कोशिश करेगा। भोजन प्राप्त करने के लिए शायद वह किसी का वध भी कर दे। इस तरह उसके द्वारा की गई बुराई आगे भी बहुत-सी बुराइयों का कारण बनेगी। यह क्रम संसार के अंत तक चलता रहेगा। जब कोई बुरा कर्म किया जाता है, वह तब तक संसार में फैला रहता है जब तक कि जिस आत्मा ने उसकी शुरुआत की थी वह मोक्ष प्राप्त करके इस संसार से चली नहीं जाती।

राजा सगर बोले – गुरुदेव, मेरे राज्य में बुराई की शुरुआत असुरों ने की थी। वे ज्ञान प्राप्त कैसे कर सकते हैं? वे तो शापित आत्माएँ हैं। उन्हें तो इस संसार के अंत तक रहना है।" ऋषि उर्वा बोले – तुम्हारे राज्य में ही नहीं, इस संसार में हर जगह बुराई की शुरुआत असुरों से ही होती है। बुराई का संक्रमण असुरों से ही अन्य आत्माओं में फैलता है। इस संसार का क्रम कुछ इस तरह ही रचाया गया है। संसार के अंत होने पर भगवान कल्कि इन असुरों को शापमुक्त करके मुक्तिसागर में भेज देंगे। तब ही बुराई का अंत होगा और सतयुग पुनः शुरू होगा। लेकिन फिर नई आत्माओं को भगवान कल्कि का शाप मिलेगा और नए असुर और सुर बन जाएँगे। इस तरह यह काल-क्रम चलता रहेगा।

समस्या यह है कि तुम्हारे 60,000 बच्चों के प्रयोग के कारण यह काल-क्रम बिगड़ गया है। ये 60,000 असुर समय से पहले मानवलोक में उतर आए हैं। बुराई तेज़ी से बढ़ने लगी है। संसार अपने अंत की ओर तेज़ी से बढ़ने लगा है," ऋषि उर्वा ने बताया।

तो इसका क्या उपाय है, गुरुदेव? क्या इन असुरों को पुनः असुरलोक में भेजना सम्भव है? राजा सगर ने पूछा। ऋषि कपिल और मैंने मिलकर इन असुरों को पाताललोक में कैद कर दिया है। यह असुरलोक में रखने जैसा ही है। समस्या यह है कि उनके द्वारा फैलाई गई बुराई अब भी यहीं है। सब कुछ पहले जैसा तभी होगा जब उनके द्वारा की गई बुराइयाँ भी धुल जाएँ। हम इस बारे में कुछ समय से गहराई से विचार कर रहे हैं।

हमारी एकमात्र आशा शिवलोक — यानी भगवान शिव का संसार — है। शिवलोक में हर चीज़ उदासीन हो जाती है। फिर चाहे वह अच्छाई हो अथवा बुराई। समुद्र मंथन के दौरान वे भगवान शिव ही थे जिन्होंने ज़हर पिया था। वे सकारात्मक और नकारात्मक, दोनों चीज़ों के प्रति उदासीन हैं। केवल वे ही इन असुरों को उनकी बुराइयों सहित शिवलोक में शरण दे सकते हैं। सवाल यह है कि इन असुरों को उनकी बुराइयों सहित शिवलोक कैसे भेजा जाए? ऋषि उर्वा बोले।

राजा सगर बोले – "गुरुदेव, मैं अब बहुत बूढ़ा हो गया हूँ। मैं अपना राज्य अपने पौत्र अंशुमान को सौंपना चाहता हूँ। मैं उसे क्या निर्देश दूँ कि कम से कम वह तो अपने जीवनकाल में इस बुराई को उखाड़ फेंके? मैं उसे उन 60,000 असुरों के बारे में क्या बताऊँ जो मेरे पुत्र थे?"

[**Note** – अंशुमान असमंजस का पुत्र था और असमंजस राजा सगर की दूसरी रानी केशानी से उत्पन्न पुत्र था।]

उसे बताओ कि उसके 60,000 पूर्वज जलाकर राख कर दिए गए थे। उसे कहो कि वह अपने पूर्वजों की उन अस्थियों (राख) की रक्षा करे, क्योंकि वे अस्थियाँ शायद उनकी बुराई को उखाड़ फेंकने में सहायक सिद्ध हो सकती हैं, ऋषि उर्वा ने उत्तर दिया।

मुझे समाधान मिल गया।" राजा सगर के वचनों के बाद ऋषि कपिल अपने चेहरे पर विजय की मुस्कान लिए वहाँ आए और बोले –

"मुझे पता चला है कि एक अत्यंत पवित्र आत्मा मरणलोकों में उतरने वाली है। हाँ, देवी गंगा मरणलोकों में उतरने वाली हैं। व्याहृत लोक (ऊपरी संसार) के राजा लोग उन्हें अपने संसार से उतारने के लिए तपस्या कर रहे हैं। मानवलोक के राजाओं को भी तपस्या करके उन्हें मानवलोक में उतारने का प्रयास करना चाहिए। मुझे विश्वास है कि पाताललोक के राजा लोग भी उन्हें अपने संसार में उतारने का प्रयास करेंगे जब उन्हें यह बात पता चलेगी।

राजा सगर ने पूछा – क्या वे मानव देह धारण करने वाली हैं? नहीं, ऋषि कपिल ने उत्तर दिया –"एक मानव देह इतनी पवित्र नहीं हो सकती कि वह उन्हें धारण कर सके। वे संभवतः जल देह, और वह भी बहते हुए जल के रूप में देह धारण करेंगी। जल हमारे संसार का सबसे पवित्र पदार्थ है, और बहता हुआ जल सबसे पवित्र होता है। इसलिए मुझे लगता है कि वे नदी देह ही धारण करेंगी।

ऋषि उर्वा को अब ऋषि कपिल का विचार समझ आ गया था। वे राजा से बोले – हे राजन, अपने पुत्र को अपने राज्य की बागडोर थमा दो और उसे कहो कि वह 'अपेक्षा तप' शुरू करे। जैसे कोई स्त्री गर्भवती होती है, तो वह नौ महीने तक अपेक्षा तप करती है। तभी कोई आत्मा उसके द्वारा गर्भ में धारण की गई देह में प्रवेश करती है। उसी तरह, देवी गंगा की आत्मा को उतारने के लिए राजा को 'अपेक्षा तप' करना पड़ेगा।

राजा को कहो कि वह एक गर्भवती स्त्री की तरह धैर्य धारण करे और देवी गंगा की अपेक्षा में जीवन व्यतीत करे। देवी गंगा की पवित्र आत्मा को मनवलोक में उतरने में कई दशक लग सकते हैं। जब अंशुमान राज्य त्याग दे, तब उसकी संतानों को यह तप जारी रखना होगा।

जब देवी गंगा मनवलोक में उतरेंगी, तब वे शिवलोक की द्वार बन जाएँगी। तब वे 60,000 असुर अपनी बुराइयों सहित शिवलोक में प्रवेश कर पाएँगे। जब ऐसा होगा, तुम्हारा राज्य बुराई से मुक्त हो जाएगा।"

हे मातंगों, यह जानने के लिए कि देवी गंगा शिवलोक के द्वार कैसे बनीं, तुम्हें यह जानना होगा कि यह विश्व क्या है और तुम कौन हो, हनुमान जी बोले। तीन परम शक्तियाँ हैं — भगवान ब्रह्मा, विष्णु और शिव। अतः यह विश्व तीन चीज़ों से बना है — आत्माएँ, अस्तित्व का द्रव्य और काल।

भगवान विष्णु ने अपनी संपत्ति — अर्थात अस्तित्व के द्रव्य — के प्रबंधन के लिए एक प्रबंधक नियुक्त कर रखा है, उनका नाम है इन्द्र देव। उसी तरह भगवान शिव ने काल के

धागों के लिए कालदेव नामक प्रबंधक नियुक्त किया हुआ है। ब्रह्मा जी ने आत्माओं के प्रबंधन के लिए कोई प्रबंधक नहीं रखा है — और रखने की ज़रूरत भी नहीं है — क्योंकि आत्मा में पहली इच्छा जागने के बाद वह कर्म-इच्छा के नियमों के अनुसार विचरण स्वयं करती है।" जैसा कि मैंने पहले बताया, एक जीवन तब शुरू होता है जब कोई आत्मा काल के धागों पर बैठी होती है और उन धागों पर अस्तित्व का द्रव्य गिरता है। एक जीवन को शुरू करने के लिए 7 काल-धागों की आवश्यकता होती है।

जब देवी गंगा को पता चला कि व्याहृत लोक (ऊपरी संसार), मानव लोक (हमारा संसार) तथा पाताल लोक (निचला संसार) के निवासी उन्हें अपने-अपने लोक में उतारने के लिए तपस्या कर रहे हैं, तो उन्होंने इच्छा जताई कि वे तीनों लोकों में एक साथ अवतरित होंगी।

लेकिन तीनों लोकों के समय अलग-अलग हैं। अतः उनके लिए तीनों लोकों में एक साथ अवतरित होना असंभव था।

विष्णु जी ने उन्हें बताया – देवी, मृत लोकों में जीवन के लिए काल के सात धागों पर बैठना आवश्यक है। लेकिन इन तीनों लोकों में अलग-अलग काल-पट (समय-सरणियाँ) हैं। आप एक लोक में केवल एक ही समय पर रह सकती हैं। देवी गंगा बोलीं – प्रभु, मेरी अपनी कोई इच्छा नहीं है, किंतु इन तीनों लोकों के लोगों की यह इच्छा है कि मैं उनके लोक में अवतरित हो जाऊँ। इन तीनों लोकों के लोगों की इच्छाएँ पूर्ण करने का कोई तो उपाय होगा?

विष्णु जी बोले –

जैसा कि आप जानती हैं, भगवान शिव ही मरण लोकों में अस्तित्व का आधार प्रदान करते हैं। सामान्यतः अस्तित्व का आधार काल में 7 धागों पर होता है, किंतु आपके लिए शिव अपवाद कर सकते हैं और आपको अस्तित्व के आधार के रूप में स्वयं अपने बाल (जटाएँ) प्रदान कर सकते हैं। तब आप तीनों लोकों में एक साथ अस्तित्व में आ सकती हैं।

हे मातंगों,

राजा सगर के पौत्र अंशुमान और अंशुमान के पुत्र दिलीप ने भी *अपेक्षा तप* में अपना जीवन खपा दिया, किंतु देवी गंगा अवतरित नहीं हुईं। उसके बाद दिलीप के पुत्र भागीरथ ने राज्य संभाला और उस तप को सबसे कठोर रूप में करना शुरू किया। जब एक गर्भवती महिला बच्चे की अपेक्षा कर रही होती है, तब वह हर पल बच्चे के बारे में सोचती है। सोने के बाद सपने में भी वह बच्चे के ही विषय में देखती है। भागीरथ ने एक गर्भवती स्त्री से भी अधिक कठिन *अपेक्षा तप* किया।

अन्ततः देवी गंगा अवतरित हुईं। मरण लोक के अन्य जीवों के विपरीत, देवी गंगा की आत्मा स्वयं शिव के बालों पर विराजमान है, जिससे वे व्याहृत, मानव तथा पाताल लोकों में एक साथ अस्तित्व में हैं। कोई भी आत्मा देवी गंगा की प्रार्थना करके उनके क़रीब आ सकती है। उनके क़रीब आने का अर्थ है भगवान शिव के बालों के समीप आना। उसके बाद देवी गंगा उस आत्मा को शिवलोक में शिव केशों के ज़रिए प्रवेश का मार्ग दे सकती हैं। इसी कारण देवी

गंगा शिवलोक का एक द्वार मानी जाती हैं।

हे धनुष्का," हनुमान जी बोले, "तुम चरण पूजा के इस सत्र के यजमान हो। मैं तुम्हें देवी गंगा से अभी प्रार्थना करने की सलाह देता हूँ। तुमने अभी-अभी गंगा अवतरण की कहानी मुझसे सुनी है। इसलिए तुम्हारी आत्मा अब देवी गंगा के समीप हो गई है। मेरे बोले हुए शब्दों का ध्यान करो। धनुष्का ने अपनी आँखें बंद कीं और गंगा अवतरण की कहानी का ध्यान करने लगे। शीघ्र ही वह अपनी देह से बाहर निकल गया और देवी गंगा के समीप पहुँचा।

उन्होंने उससे प्रश्न किया – "तुम कैसे हो?" मैं एक आत्मा हूँ, देवी," धनुष्का ने उत्तर दिया। "केवल एक आत्मा? तो तुम्हें मुक्ति सागर में होना चाहिए। तुम यहाँ क्या कर रहे हो? तुम मरण लोक में हो। उसका अर्थ है कि तुम केवल एक आत्मा नहीं हो – तुम्हारे कुछ कर्म और इच्छाएँ हैं। अपना परिचय दो, देवी गंगा बोलीं।

धनुष्का ने अपने अच्छे कर्मों और इच्छाओं का ध्यान शुरू किया। कुछ समय बाद वह बोला – देवी, मैंने अभी-अभी अपने कर्म तथा इच्छाओं को पुनः स्मरण किया। क्या आपको मेरा परिचय मिला? "नहीं," देवी गंगा ने उत्तर दिया, ऐसा लग रहा है कि तुम अपने अच्छे कर्मों तथा इच्छाओं से अपना परिचय कराने का प्रयास कर रहे हो। यह काम नहीं करेगा। मैं एक श्वेत पत्थर की भाँति पवित्र हूँ। यदि श्वेत पत्थर पर तुम श्वेत स्याही से कुछ लिखना चाहो तो वह दिखाई नहीं देगा। तुम्हें श्वेत पत्थर पर काली स्याही का प्रयोग करना होगा। इसलिए अपने बुरे कर्मों तथा इच्छाओं से अपना परिचय कराओ।" धनुष्का ने अपने जाने-अनजाने बुरे कर्मों तथा इच्छाओं का ध्यान किया।

देवी गंगा बोलीं – हे आत्मा, मैं अब तुम्हारी पहचान अच्छे से देख सकती हूँ। अगर इच्छा हो, तो तुम अब शिवलोक में प्रवेश कर सकते हो। अब धनुष्का की आत्मा शिवलोक में प्रवेश कर गई। कुछ समय पश्चात धनुष्का की आत्मा उसकी देह में लौट आई। हनुमान जी बोले – हे धनुष्का, तुमने अपने कुछ बुरे कर्मों और इच्छाओं को अभी-अभी शिवलोक में भेज दिया – मात्र देवी गंगा की प्रार्थना और ध्यान करके। तुमने अपने आप को पवित्र कर लिया।

हे मातंगों, क्या अब तुम्हें समझ आया कि कैसे देवी गंगा कर्मों को पवित्र करती हैं?

धनुष्का ने उत्तर दिया – हे प्रभु, मैं अभी-अभी शिवलोक गया। यह सचमुच एक पवित्रकारी अनुभव था। कृपया हमें यह बताएं कि गंगा जी ने कैसे उन 60,000 असुरों को उनके बुरे कर्मों सहित शिवलोक में भेजा?" हनुमान जी ने पूछा – अब यदि तुम्हारी देह को राख कर दिया जाए, तो क्या उस राख से पुनः जीवित करने की कोई सम्भावना है?

धनुष्का ने उत्तर दिया – यदि देवगण चाहें, तो कुछ भी असंभव नहीं है, प्रभु। हनुमान जी बोले – जब एक देह मरण को प्राप्त होती है, तो उसे जीवित करने की कई सम्भावनाएँ रहती हैं। केवल देवगण ही नहीं, ऋषि और ज्ञानी भी उसे पुनर्जीवित कर सकते हैं। लेकिन जब देह को जलाकर राख कर दिया जाता है, तो उससे देह को पुनर्जीवित करने की सम्भावना बहुत ही कम हो जाती है। देवदृष्टि के पहलू से हम कह सकते हैं कि राख से भी देह को पुनः जीवित किया जा सकता है – आत्मा उस राख से इस आशा में जुड़ी रहती है कि उसमें से देह

पुनरुज्जीवित की जा सकती है।

लेकिन जब राख को पानी के बहाव में तितर-बितर कर दिया जाता है, राख का एक-एक कण अलग हो जाता है, तब उस अवस्था में देह को पुनर्जीवित करने की सम्भावना लगभग शून्य हो जाती है। तब आत्मा राख से अपना लगाव तोड़ लेती है।

राजा सगर के उन 60,000 संतानों के साथ भी वही हुआ। उनकी आत्माएँ — अर्थात असुर — पाताल में कैद किए जा चुके थे। लेकिन उनकी अस्थियाँ ऋषि कपिल के आश्रम में सुरक्षित रखी गई थीं। इसीलिए ये असुर उस राख से इस आशा में जुड़े हुए थे कि उनकी देह उसमें से पुनर्जीवित की जा सकती है।

जब देवी गंगा मानवलोक में आईं, तो भगीरथ ने सबसे पहला काम यह किया कि अपने 60,000 पूर्वजों की राख को नदी में प्रवाहित किया। गंगा जी मानवलोक में भी थीं और पाताललोक में भी। जब राख प्रवाहित की गई, तो पाताल में कैद असुर गंगा जी की आत्मा के समीप आ गए और बोले — "हे जलधारिणी, वह राख हमारी देह की है, उसे तितर-बितर मत करो। हम अपनी देहों के पुनर्जीवित होने का इंतज़ार कर रहे हैं।

देवी गंगा ने उनसे पूछा –"तुम कौन हो? अपना परिचय दो।" अपने परिचय देने हेतु उन 60,000 असुरों के पास केवल बुरे कर्म थे। जैसे ही उन्होंने अपने बुरे कर्मों का परिचय दिया, देवी गंगा ने उन्हें शिवलोक में प्रवेश करवा दिया। वे अपनी उन सभी बुराइयों के साथ शिवलोक में प्रवेश कर गए जो उन्होंने अपनी उन 60,000 देहों के माध्यम से की थीं। इस प्रकार राजा भगीरथ ने अपने राज्य को उस बुराई से छुटकारा दिला दिया जो महामारी का रूप ले चुकी थी और इसी के साथ ऋषि उर्वा द्वारा की गई गलती की भी भरपाई हो गई।

"हे मातंगों," हनुमान जी बोले, मैंने तुम्हें देवी गंगा के अवतरण की कहानी बताई है। जो भी इसे सुनता है, वह देवी गंगा के समीप आ जाता है और उसके कर्मों का शुद्धिकरण हो जाता है। जब हनुमान जी ने ब्रह्मज्ञान का अपना प्रवचन पूर्ण कर लिया, तब बाबा मातंग ने यजमान धनुष्का का अर्पण करने की प्रक्रिया शुरू कर दी।

[Note – यहाँ पर यह पुनः स्पष्ट करना आवश्यक है कि हमारे ऊपर असंख्य संख्या में संसार हैं, जिन्हें एक साथ व्याहृत लोक कहा जाता है, और हमारे नीचे भी असंख्य संख्या में संसार हैं जिन्हें पाताल कहा जाता है। किन्तु हमारे ऊपर के केवल 7 लोक और नीचे के केवल 7 लोक ही हमें प्रभावित कर सकते हैं। इसलिए हमारे लिए आसान भाषा में, 7 व्याहृत और 7 पाताल लोक माने गए हैं। इस अध्याय में 'व्याहृत' शब्द का प्रयोग हमारे बिलकुल ऊपर जो लोक हैं — उनके लिए, और 'पाताल' शब्द का प्रयोग हमारे बिलकुल नीचे जो लोक हैं — उनके लिए किया गया है।]

6

चिरंजीवी हनुमान ने बताया शिवलिंग और तिरुपति की मूर्ति का रहस्य।

[**Note**- chapter 6 मोक्ष की तरफ़ चौदहवाँ क़दम है (Volume -1 के अध्यायों सहित)। यह क़दम बहुत महत्वपूर्ण है — जैसे साँप-सीढ़ी के खेल में एक सीढ़ी खिलाड़ी को लंबी छलांग लगवा देती है, उसी तरह यह अध्याय भी एक 'सीढ़ी' प्रदान करता है। कुछ भाग्यशाली आत्माएँ इस सीढ़ी को प्राप्त करके सीधे मोक्ष को प्राप्त कर सकती हैं। जिन आत्माओं को यह सीढ़ी नहीं मिलती, वे आगे के अध्यायों के माध्यम से क़दम-दर-क़दम सफर जारी रखेंगी।]

[अति महत्वपूर्ण

इस अध्याय में 'लिंग' शब्द का अर्थ आजकल के प्रचलित अर्थ से पूर्णतः भिन्न है। हनुमान जी ने इस अध्याय में उस शब्द का वास्तविक अर्थ समझाया है। यदि फिर भी आपका मन प्रचलित अर्थ में फँसा रहे, तो कृपया 'लिंग' शब्द को 'प्रभामंडल' पढ़ें। हर आत्मा का एक प्रभामंडल होता है जिसे 'लिंग' कहते हैं।]

जब बाबा मातंग ने यजमान धनुष्का हेतु अर्पण की विधियाँ पूरी कर लीं, तब हनुमान जी बोले – हे धनुष्का, जिस श्रद्धा के साथ तुमने स्वयं को समर्पित किया है, उससे मैं बहुत कुछ हुआ हूँ। बताओ, प्रसाद में क्या पाने की इच्छा रखते हो?

हनुमान जी ने धनुष्का की ओर रहस्यमय ढंग से देखा, वे मुस्कराए — जैसे उन्होंने धनुष्का के चेहरे पर कुछ पढ़ लिया हो — और बोले, "हे धनुष्का, जैसा कि तुमने सीखा, यह विश्व तीन चीज़ों से बना है:

1.   आत्माएँ — जिनका स्वामित्व ब्रह्मा जी के पास है

2.   अस्तित्व का द्रव्य — जिसका स्वामित्व विष्णु जी के पास है

3.   काल के धागे — जिनका स्वामित्व शिव जी के पास है।

अस्तित्व के द्रव्य के अंदर सब कुछ है — पहाड़, नदियाँ, तारे, ग्रह, पदार्थ जो हमारी इंद्रियों की ज्ञान-क्षमता में हैं और वे भी जो हमारी इंद्रियों की क्षमता से बाहर हैं — अस्तित्व के द्रव्य के भीतर सब कुछ है। हे धनुष्का, सोचो और बताओ — अस्तित्व के द्रव्य में जो सब कुछ है, उसमें से तुम्हारी आत्मा ने यह चंचल-क्षणिक मानव देह ही क्यों चुनी है? तुम्हें यह क्यों महसूस होता है कि तुम यही देह हो? तुम्हें यह क्यों नहीं लगता कि तुम कोई वृक्ष हो? तुम्हारी आत्मा इस हाड़-मांस की देह को ही अपनी क्यों मानती है? हनुमान जी ने पूछा।

धनुष्का ने कुछ पल सोचा और उत्तर दिया – "हे प्रभु, यह केवल दो चीज़ों पर निर्भर करता है —

1.   कर्म
2.   इच्छाएँ।

मेरी आत्मा द्वारा बटोरी गई इच्छाएँ इसी देह द्वारा अच्छे से पूर्ण की जा सकती हैं। इसीलिए मेरी आत्मा ने यह देह धारण की है, पर्वत, वृक्ष अथवा नदी की देह नहीं।

हनुमान जी बोले – हे मातंगों, धनुष्का ने जो कहा वह बिल्कुल ठीक है। किसी भी आत्मा के कर्म और इच्छाएँ ही यह निर्धारित करते हैं कि वह आत्मा कौन-सी देह धारण करती है। अब मैं आप लोगों को कुछ दिखाने वाला हूँ। हनुमान जी खड़े हो गए। उन्होंने अपनी हथेलियों को आपस में जोड़ा, एक मंत्र पढ़ा और फिर धीरे-धीरे अपनी हथेलियों को अलग कर लिया। हनुमंडल में उपस्थित मातंगों ने देखा कि धनुष्का की देह दो भागों में बँट गई है। वहाँ पर दो समरूप आकृतियाँ थीं — एक हाड़-मांस की आकृति, अर्थात देह, और दूसरी प्रकाश की आकृति।

वहाँ उपस्थित युवा मातंगों ने यह मान लिया कि वह प्रकाश धनुष्का की आत्मा है। आह! मैंने अंततः देख ही लिया कि आत्मा कैसी दिखती है! यह देह जैसी ही एक आकृति है, किंतु प्रकाश से बनी हुई! — एक युवा मातंग ने टिप्पणी की। हनुमान जी ने तुरंत उसे ठीक किया —हे मातंग, यह प्रकाश की आकृति आत्मा नहीं है। आत्मा तो प्रकाश का एक बिंदु मात्र होती है।

जब उस पर कर्म और इच्छाएँ एकत्रित हो जाती हैं, तब उसके चारों ओर एक प्रभामंडल विकसित हो जाता है।

इस प्रभामंडल की आकृति आत्मा के कर्म और इच्छाओं पर निर्भर करती है। आत्मा के चारों ओर के इस प्रभामंडल को ही 'ज्योतिर्लिंग' अथवा 'लिंग' कहते हैं।"

हे मातंगों, हनुमान जी बोले, मेरे द्वारा प्रदान की गई इस दिव्य दृष्टि से तुम लोग धनुष्का की आत्मा का लिंग देख पा रहे हो। जैसा कि तुम देख रहे हो, देह और लिंग की आकृति समान है। अंतर केवल इतना है कि –

• लिंग कर्म और इच्छाओं से बना है,

• जबकि देह काल और अस्तित्व द्रव्य से बनी है।

देह और लिंग में संबंध यह है कि ये एक-दूसरे को प्रतिबिंबित करते हैं। यदि हम लिंग में कोई परिवर्तन करते हैं, तो देह में भी परिवर्तन आता है। इस शास्त्र का नाम 'लिंग शास्त्र' है।

नोट – 'लिंग शास्त्र' और 'लिंग पुराण' दोनों अलग-अलग हैं।

मैं तुम्हें इस शास्त्र का मूल सिद्धांत वर्णन करके समझाता हूँ, जिससे तुम्हें इस विश्व के रहस्यों को जानने में सहायता मिलेगी। हनुमान जी धनुष्का की देह के पास आए जो हवा में इस प्रकार स्थिर थी जैसे जम गई हो। हनुमान जी ने देह की ओर इशारा करके कहा – इसके सिर पर काले बाल हैं। मान लीजिए कि हम इसके बालों को स्थायी रूप से लाल करना चाहते हैं।

इसे करने का भौतिक तरीका यह होगा कि इसके बालों को एक-एक करके निकाला जाए और उनकी जगह लाल बाल लगाए जाएँ। यह एक बहुत पीड़ादायक प्रक्रिया होगी। ऋषि भृगु के पास इसे करने का एक अत्यंत आसान तरीका था —

यदि आत्मा की देह में परिवर्तन लाना हो, तो आत्मा के लिंग में परिवर्तन लाओ।

अब हनुमान जी ने धनुष्का की आत्मा के लिंग की ओर रुख किया। लिंग अब भी हवा में स्थिर था, देह से कुछ ही कदम दूर। यह प्रकाश से बना एक त्रैयामी ढाँचा था।

हनुमान जी बोले – हमें यह पता लगाना होगा कि प्रकाश की कौन-सी तरंग बालों में काले रंग के लिए ज़िम्मेदार है। हमें उस तरंग को निकालकर उसकी जगह ऐसी तरंग लगा देनी है जो लाल रंग के बालों के लिए ज़िम्मेदार होती है। फिर हनुमान जी पुनः अपने आसन पर आ गए और बोले – हे मातंगों, मैंने लिंग शास्त्र के उपयोग का एक छोटा-सा उदाहरण दिया है।

लिंग शास्त्र के सूत्रों से मानव को पक्षी में, पक्षी को पत्थर में बदला जा सकता है। ऋषि भृगु द्वारा लिंग की प्रकृति पर शोध तब शुरू हुआ जब उन्होंने भगवान विष्णु से एक प्रश्न पूछा – हे प्रभु, जब एक आत्मा मुक्तिसागर से एक इच्छा के साथ उठती है, तो आप उसे नश्वर संसारों में क्यों भेजते हैं? आप भली-भांति जानते हैं कि नश्वर संसार वह अनंत जाल है जिसमें एक इच्छा हमारी दूसरी इच्छाओं को जन्म देती है।

नश्वर लोकों में आत्मा को एक लंबा और कठिन सफ़र तय करना पड़ता है, और अंततः मोक्ष प्राप्त कर फिर उसी मुक्तिसागर में लौटना पड़ता है जहाँ से वह निकली थी। तो जब आत्मा पहली इच्छा के साथ उठती है, उस समय ही आप उसे पुनः मुक्तिसागर में क्यों नहीं भेज देते? उसे नश्वर लोकों में भेजने की क्या आवश्यकता है?”

ऋषि भृगु द्वारा लिंग की प्रकृति पर शोध तब शुरू हुआ जब उन्होंने भगवान विष्णु से एक प्रश्न पूछा –

हे प्रभु, जब एक आत्मा मुक्तिसागर से एक इच्छा के साथ उठती है, तो आप उसे नश्वर संसारों में क्यों भेजते हैं? आप भली-भांति जानते हैं कि नश्वर संसार वह अनंत जाल है जिसमें एक इच्छा हमारी दूसरी इच्छाओं को जन्म देती है।

नश्वर लोकों में आत्मा को एक लंबा और कठिन सफ़र तय करना पड़ता है, और अंततः मोक्ष प्राप्त कर फिर उसी मुक्तिसागर में लौटना पड़ता है जहाँ से वह निकली थी। तो जब आत्मा पहली इच्छा के साथ उठती है, उस समय ही आप उसे पुनः मुक्तिसागर में क्यों नहीं भेज देते? उसे नश्वर लोकों में भेजने की क्या आवश्यकता है?

भगवान विष्णु मुस्कराए और बोले – “उधर देखो, एक आत्मा मुक्तिसागर से उठ रही है। वह मुझसे अपनी इच्छापूर्ति के लिए नश्वर संसार का मार्ग पूछेगी। मैं उस आत्मा को तुम्हारे साथ भेज दूँगा। मैं उससे कहूँगा कि आप उसकी इच्छापूर्ति में सहायता करेंगे।

यदि आप उसे नश्वर संसार के जाल से बचा सकते हैं, तो बचाइए। उसे जितना जल्दी हो सके, मोक्ष दिलाइए। वहाँ पर उस आत्मा का लिंग (प्रभामंडल) एक जंगली सूअर का था। वह आत्मा ऋषि भृगु के साथ मानवलोक में आ गई और उसने एक जंगली सूअर की देह धारण कर ली। ऋषि भृगु ने उस आत्मा का नाम रखा ‘वराह’ और उस आत्मा को मोक्ष के मिशन पर लगा दिया।

नोट – यहाँ जिस ‘वराह’ का ज़िक्र है वह विष्णु के आदिवराह अवतार से भिन्न है। लेकिन यह वराह भी कोई साधारण आत्मा नहीं थी — विष्णु जी ने अपना ही एक अंश ऋषि भृगु के साथ भेजा था।

ऋषि भृगु किसी मानव को ब्रह्मज्ञान दिलाने में तो समर्थ थे,किन्तु विष्णु जी ने उन्हें एक जंगली सूअर को मोक्ष दिलाने का कार्य सौंपा था। जब हनुमान जी अपने आश्रम में पहुँचे, तो उन्होंने बताया कि ऋषि भृगु ने अपने प्रिय शिष्य ‘उद्वेग’ के साथ इस विषय पर चर्चा की।

ऋषि भृगु बोले –हे उद्वेग, सबसे पहले तो हमें वराह को मनुष्य में बदलने का तरीका खोजना होगा। तभी हम मोक्ष के बारे में सोच सकते हैं। बहुत समय बीत गया, किन्तु उन्हें कोई उपाय नहीं सूझा। अब दूसरी समस्या यह थी कि वराह बूढ़ा होता जा रहा था।

उद्वेग ने भृगु से कहा – गुरुदेव, हमें पहले वराह को बूढ़ा होने से रोकने का उपाय खोजना चाहिए।

हम उसे युवा रहने के कोई योगिक तरीके नहीं सिखा सकते, हमें कोई और उपाय खोजना

होगा।

अगर वराह मर गया तो उसकी आत्मा कोई और देह धारण कर लेगी, और फिर हमें नए सिरे से अपना कार्य शुरू करना पड़ेगा।

वराह को बूढ़ा होने से रोकने के प्रयास में ऋषि भृगु और उद्वेग ने अपना ध्यान उसकी देह से हटाकर उसके लिंग (प्रभामंडल) पर लगाया। वे उसके लिंग में उस तरंग को खोजने में सफल हो गए जो देह के बूढ़ा होने के लिए ज़िम्मेदार थी। उन्होंने उस तरंग को निकाल दिया, और इसके परिणामस्वरूप वराह की देह बूढ़ी होनी बंद हो गई।

कई वर्ष बीत गए। वराह के लिंग के साथ उनका प्रयोग जारी रहा। अंततः वे वराह के लिंग में परिवर्तन लाकर उसकी देह को जंगली सूअर से मनुष्य की देह में बदलने में सफल हो गए। गुरुदेव, अब जबकि हमने वराह को मनुष्य बना दिया है, अब आप उसे ब्रह्मज्ञान देकर मोक्ष की ओर अग्रसर कर सकते हैं। उद्वेग बोले। ऋषि भृगु ने उत्तर दिया – ब्रह्मज्ञान के ज़रिए मोक्ष पाना इंसानी तरीका है। यह लंबा और कठिन भी है। मेरी विष्णु जी से यही प्रश्न था कि वे आत्मा को नश्वर संसारों में भेजते ही क्यों हैं? वे उस आत्मा को वहीं पर मोक्ष प्रदान क्यों नहीं कर देते? तुरंत मोक्ष प्राप्त करने का कोई तो तरीका होगा? उद्वेग ने सुझाव दिया – गुरुदेव, मोक्ष अर्थात जीवन-मरण के क्रम से छुटकारा, सभी इच्छाओं और कर्मों से छुटकारा। लिंग किसी भी आत्मा के चारों ओर आत्मा के कर्म और इच्छाओं के कारण ही होता है। अगर हम लिंग को नष्ट कर दें तो आत्मा की कर्म व इच्छाएँ भी नष्ट हो जाएँगी। तब आत्मा मोक्ष को प्राप्त हो जाएगी। अतः हमें वराह की आत्मा के लिंग को नष्ट करने में अपना ध्यान लगाना चाहिए। बहुत साल बीत गए, उन्होंने तरंग दर तरंग वराह के लिंग को नष्ट करने का प्रयास किया लेकिन उनके सभी प्रयास बेकार गए। प्रकाश की जिन तरंगों से वह लिंग बना था उनका कोई अंत नहीं था। जब वे प्रकाश की किसी तरंग को लिंग से अलग करते, उससे केवल लिंग का आकार बदलता और उसी के अनुसार देह का आकार बदलता — मानव से गाय, गाय से वानर, वानर से चिड़िया, चिड़िया से सर्प आदि आदि। इसका कोई अंत नहीं था। (नोट – कर्म और इच्छा से पूर्णतः निजात पाना अति कठिन है।

आत्मा देह बदलती रहती है — एक जन्म से दूसरे जन्म — लेकिन कर्म और इच्छा से छुटकारा नहीं मिलता। इसी को इन्द्रजाल कहा जाता है। जैसे ही एक आत्मा नश्वर संसारों में आती है, यह एक ऐसे जाल की भाँति है जिससे बाहर निकलने का कोई रास्ता नहीं है। आत्मा पदार्थ की जो देहें धारण करती रहती है वे सब अस्तित्व के द्रव्य के अंदर हैं, जिसका प्रबंधन इन्द्र के पास है। इसीलिए इसे इन्द्रजाल कहा जाता है।)

वे वराह की देह को नष्ट नहीं कर सके, लेकिन इस प्रक्रिया में उन्होंने लिंग के स्वभाव के बारे में बहुत कुछ सीखा। उनकी इन्हीं खोजों से लिंग शास्त्र का विकास हुआ। बहुत साल बाद ऋषि भृगु ने अपने शिष्य से कहा – हे उद्वेग, लिंग अनंत प्रकाश से बना है। उसकी तरंगों से छेड़छाड़ करके हम इसे एक रूप से दूसरे रूप में तो परिवर्तित कर सकते हैं, लेकिन इसे नष्ट नहीं कर सकते। उद्वेग बोला – गुरुदेव, हमारे प्रयास पूर्णतः बेकार नहीं गए हैं। हमने कम से

कम यह खोज तो कर ली कि हम अब किसी भी देह को दुनिया की किसी अन्य देह में बदल सकते हैं।

ऋषि भृगु बोले – उद्वेग, अब हमें देह रूपांतरण के बारे में पूर्ण ज्ञान हो गया है, अब हमें अपना शोध देह स्थानांतरण पर करना चाहिए — लिंग में परिवर्तन करके किसी भी देह को एक स्थान से दूसरे स्थान पर स्थानांतरित करना। इस तरह हम शायद इस आत्मा को पुनः मुक्तिसागर में स्थानांतरित करने का उपाय पा लें। जैसे ही वह आत्मा मुक्तिसागर में पहुँचेगी, यह मोक्ष को प्राप्त हो जाएगी। अब उन्होंने वराह को पुनः देह में बसा दिया और उसकी एक स्थान से दूसरे स्थान पर ले जाने के लिए लिंग शास्त्र के तरीके खोजने लगे। वे अपने प्रयोग आश्रम की केंद्रीय कक्षा में कर रहे थे। वहाँ से गौशाला कुछ ही दूर पर थी।

उद्वेग ने सुझाव दिया – गुरुदेव, क्या हम वराह को गौशाला में स्थानांतरित करने का प्रयास करें? उन्होंने लिंग की तरंगों में वह मिश्रण ढूंढ लिया जो किसी भी देह में स्थान के लिए ज़िम्मेदार होता है। उन्होंने उस मिश्रण में बदलाव लाकर वराह की देह का स्थान बदलने में कामयाबी हासिल कर ली। वराह केंद्रीय कक्षा से गायब होकर तुरंत गौशाला में प्रकट हो गया। उद्वेग की आँखें चमक उठीं। वह बोला – गुरुदेव, यह तो क्रांतिकारी है! अब किसी को अलौकिक शक्तियाँ प्राप्त करने के लिए योगी बनने की आवश्यकता नहीं है। अब हम पशुओं तथा योगियों का भी रूपांतरण और स्थानांतरण आसानी से कर सकते हैं। अब वराह की देह गौशाला में थी और उसका लिंग ऋषि भृगु और उनके शिष्य के सामने केंद्रीय कक्षा में। हे मातंगों, आपको यह जानना आवश्यक है कि लिंग देह के साथ यात्रा नहीं करता। देह काल और स्थान के साथ बंधी होती है, लिंग नहीं। यदि कोई भक्त यहाँ से मीलों दूर भी है, मैं उसका लिंग यहाँ पर देख सकता हूँ। मुझे उसकी देह के पास जाने की आवश्यकता नहीं है।

जब वराह आश्रम की गौशाला में था, उद्वेग ने उसके लिंग पर कुछ और प्रयोग करना चाहा। वह बोला – गुरुदेव, क्या हम वराह के लिंग में एक तरंग का रोपण करके उसके मस्तिष्क में कोई विचार रूपित कर सकते हैं? ऋषि भृगु ने कोई उत्तर नहीं दिया। वे इस सोच में लीन थे कि वराह को वापस मुक्तिसागर कैसे स्थानांतरित किया जाए। उद्वेग ने वराह के मस्तिष्क में एक विचार रूपित कर दिया। वह विचार था – वराह, गाय का दूध निकालो। जब वराह ने गाय का दूध निकाल लिया, उद्वेग ने वराह को वापस केंद्रीय कक्षा में स्थानांतरित कर लिया। वह उत्साह से बोला – "गुरुदेव, देखिए मैंने गौशाला में जाए बिना गाय का दूध निकाल लिया!" "लेकिन तुमने वराह को दूध निकालने के लिए भेजा। इसमें चमत्कार जैसा कुछ नहीं है। अगर कर सकते हो, तो किसी को गौशाला में भेजे बिना गाय का दूध निकाल कर दिखाओ, ऋषि भृगु बोले।

उसके लिए तो हमें गाय के लिंग पर भी कार्य करने की आवश्यकता होगी, उद्वेग बोला। गाय के लिंग में जो तरंग दूध का कारक है, हम उस तरंग को उसके लिंग से निकालकर उसको डाल सकते हैं…" "हैं… हैं… कहां?

बाल्टी में? तरंग को बाल्टी में कैसे डालोगे? बाल्टी की तो कोई आत्मा नहीं होती और न ही कोई लिंग होता है।" ऋषि भृगु ने उद्वेग की बुद्धिमत्ता की परीक्षा ली। "नहीं गुरुदेव, जब मैं बाल्टी को देखता हूँ, छूता हूँ अथवा पकड़ता हूँ, तो बाल्टी मेरे लिंग का हिस्सा बन जाती है। उसी तरह हम बाल्टी को उद्वेग के लिंग का हिस्सा बनाकर उस तरंग को उद्वेग के लिंग में डाल सकते हैं। इस तरह गाय के थनों में से दूध सीधे बाल्टी में आ जाएगा। बहुत आसान है, उद्वेग बोला।

हे मातंगों, उन्होंने कई वर्षों तक इस तरह प्रयोग किए और प्राप्त खोजों को लिंग शास्त्र में संकलित किया। एक दिन उन्होंने लिंग की तरंगों का वह मिश्रण खोज निकाला जो आत्मा की ब्रह्मलोक से दूरी के लिए जिम्मेदार था। उन्होंने उस मिश्रण में बदलाव करके वराह को सफलता पूर्वक ब्रह्मलोक भेज दिया। इस प्रक्रिया में वराह का लिंग पूर्णतः गायब हो गया। अब उसकी आत्मा प्रकाश का एक बिंदु मात्र थी। उसके चारों ओर कोई लिंग नहीं था।

उद्वेग आश्चर्यपूर्वक बोला – गुरुदेव, हमने यह कर दिया है, हमने वराह की आत्मा के लिंग को नष्ट कर दिया। अब वराह की आत्मा से कोई कर्म या इच्छा नहीं जुड़ी है। यह मात्र एक प्रकाश बिंदु है। इसने मोक्ष प्राप्त कर लिया।" लेकिन ऋषि भृगु प्रसन्न नहीं थे, उन्होंने उत्तर दिया – हे उद्वेग, जब एक आत्मा कर्म और इच्छाओं से मुक्त हो जाती है तो वह ब्रह्मलोक में पहुँच जाती है। ऐसी आत्मा सोचती है कि उसने मोक्ष प्राप्त कर लिया है, लेकिन वास्तव में ऐसा नहीं है। कर्म और इच्छाओं की राख के पश्चात भी 'मैं' की सुध रह जाती है। मोक्ष की प्राप्ति के लिए यह सुध कि 'मैं एक आत्मा हूँ' नष्ट की जानी आवश्यक है। आत्मा को अपनी पहचान नष्ट करके पूर्ण के साथ एक हो जाना आवश्यक है। इसे मुक्तिसागर में समाहित होना कहते हैं। यह अंतिम क़दम है। दुर्भाग्य से बहुत-सी आत्माएँ अपनी मोक्ष-यात्रा उसी समय समाप्त कर देती हैं जब वे कर्म और इच्छा से छुटकारा पा लेती हैं। वे इस भ्रम में रहती हैं कि उन्हें मोक्ष मिल गया है। वे ब्रह्मलोक में फँसी रहती हैं। ब्रह्मलोक में ऐसी बहुत-सी आत्माएँ हैं।

उद्वेग ने पूछा – गुरुदेव, ब्रह्मलोक तो मुक्तिसागर के बिलकुल ऊपर ही है। यह बहुत समीप है। तो फिर ये आत्माएँ ब्रह्मलोक से उतरकर नीचे मुक्तिसागर में क्यों नहीं आ जातीं? भ्रम, उद्वेग, भ्रम! ऋषि भृगु ने उत्तर दिया, उन्हें यह बड़ा भ्रम है कि उन्होंने मोक्ष प्राप्त कर लिया है। वे सोचती हैं कि मुक्तिसागर में समाई आत्माएँ मूर्ख हैं जिन्होंने अपनी पहचान नष्ट कर दी और पूर्ण के साथ एक हो गईं। उनके भ्रम का यह बल इतना शक्तिशाली है कि वे मोक्ष प्राप्त की हुई आत्माओं को भी मुक्तिसागर से बाहर निकाल देती हैं।

[Note – यहाँ पर उस प्रश्न का उत्तर मिल जाता है जो यदि किसी के मन में अध्याय 4 में था कि मोक्ष के बाद आत्माएँ मुक्तिसागर से वापस बाहर क्यों निकलती हैं।]

अब हम क्या करें, गुरुदेव? अगर हम कुछ नहीं करेंगे तो वराह की आत्मा हमेशा के लिए ब्रह्मलोक में फँसी रहेगी। हम उसे कभी मोक्ष नहीं दे पाएँगे और मुझे भय है कि हम कुछ

नहीं कर सकते। वराह का लिंग नष्ट हो चुका है। अब वह ब्रह्मलोक में प्रकाश का एक बिंदु मात्र है। हम उसे यहाँ वापस कैसे लाएँ? उद्वेग ने पूछा।

ऋषि भृगु ने उत्तर दिया – वह पूर्णतः हमारी पहुँच से बाहर अभी नहीं गया है। वह हमारे कर्म और इच्छाओं में अभी भी अस्तित्व में है। हमारी यह इच्छा कि हम उसे ब्रह्मलोक से मुक्त करें, हमारे लिए एक ऐसी रस्सी का कार्य करेगी जो उसे ब्रह्मलोक से बाहर निकालकर वापस मरणलोक में खींच लाएगी।" ऋषि भृगु अपनी योग शक्तियों का प्रयोग करके वराह को पुनः मानव लोक में ले आए। अब वराह पुनः मानव रूप में था और उसका लिंग पुनः प्रयोग के लिए उपलब्ध था।

तो अब हमें दो चीज़ों को नष्ट करना है:

(1) वराह की आत्मा का लिंग, और

(2) वराह की आत्मा की 'मैं की सुध'। तभी वराह को मोक्ष प्राप्त होगा।"

उद्वेग बोला – गुरुदेव, मेरे पास एक विचार है। लिंग में ऐसी तरंगें होती हैं जो नकारात्मक कर्म-इच्छाओं को दर्शाती हैं और ऐसी भी जो सकारात्मक कर्म-इच्छाओं को। अगर हम लिंग में नकारात्मक और सकारात्मक तरंगों की मात्रा समान कर दें, तो वे एक-दूसरे को काट देंगी। तब शायद कोई संभावना बने कि वराह का लिंग और उसकी 'मैं की सुध' दोनों एक साथ समाप्त हो जाएँ और वराह मोक्ष प्राप्त कर ले।

उन्होंने इस विचार पर कई महीनों तक कार्य किया। अंततः वे लिंग में सकारात्मक और नकारात्मक तरंगों को बराबर करने में सफल हो गए। लेकिन उसका परिणाम वैसा नहीं निकला जैसा उन्होंने सोचा था। गायब होने की बजाय वराह के लिंग ने अंधकार रूप धारण कर लिया और उसकी देह मनव लोक से लुप्त हो गई।

ऋषि भृगु बोले – "वराह शिवलोक पहुँच गया है। जब कोई आत्मा संसार की सकारात्मकता और नकारात्मकता दोनों से उदासीन हो जाती है, तब उसका लिंग अंधकार रूप धारण कर लेता है और वह आत्मा शिवलोक में पहुँच जाती है। ऐसी बहुत-सी आत्माएँ हैं जो शिवलोक में फँसी हुई हैं। वे सोचती हैं कि उन्होंने सर्वोच्च मुकाम पा लिया है और यह कि अब उन्हें आगे कुछ नहीं करना है। उन्हें लगता है कि उन्होंने अपने इच्छाओं और कर्मों को नष्ट कर दिया है, लेकिन वास्तव में होता सिर्फ इतना है कि उनके सकारात्मक और नकारात्मक कर्म संतुलित होकर शून्य का भ्रम पैदा करते हैं। इसके अलावा, उनकी 'मैं की सुध' भी वैसी की वैसी बनी रहती है। इसलिए उन्हें मोक्ष की प्राप्ति नहीं होती।"

गुरुदेव, वराह अब भी हमारी कर्म-इच्छा का भाग है। क्या आप अपनी योग शक्तियों का प्रयोग करके उसे शिवलोक से वापस ला सकते हैं?" उद्वेग ने पूछा। "नहीं, वह काफ़ी नहीं होगा," ऋषि भृगु ने उत्तर दिया। "शिवलोक की आत्माएँ भगवान शिव का अनुकरण करती हैं। तुम्हें भगवान शिव की पूजा करनी चाहिए ताकि वे यहाँ प्रकट हों। जब वे यहाँ होंगे, तो मैं अपनी योग शक्ति का प्रयोग करके वराह को भी यहाँ बुला लूँगा।

हे मातंग भक्तों, भगवान शिव संसार की सकारात्मकता और नकारात्मकता दोनों के प्रति उदासीन हैं। इसलिए उनका लिंग (प्रभामंडल) अंधकार है। अगर वे नश्वर संसारों में आएँ तो वे अंधकार देह धारण करें, लेकिन वे नश्वर संसार में पूर्णतः कभी नहीं आते। उनका आधा भाग हमेशा शिवलोक में रहता है और आधा भाग नश्वर संसार में भक्तों को दर्शन देता है। इसलिए नश्वर संसार में वे हमेशा अर्ध-अंधकार देह धारण करते हैं। दूसरी ओर, ब्रह्मा जी का कोई लिंग नहीं है, इसलिए वे नश्वर संसार में कोई देह धारण नहीं करते। विष्णु जी का लिंग संसार की आवश्यकता के अनुसार आकार बदलता है, इसलिए वे नश्वर संसार में विभिन्न देह धारण करते हैं।

ऋषि भृगु की योजना के अनुसार उद्वेग ने भगवान शिव की पूजा की। भगवान शिव वहाँ एक अर्ध-अंधकार पत्थर के रूप में प्रकट हुए। उसी समय ऋषि भृगु ने अपनी योग शक्तियों का प्रयोग करके वराह को पुनः मानवलोक में बुला लिया।

अब वराह ऋषि भृगु के आश्रम में फिर से जंगली सूअर की देह में था। उद्वेग ने कहा – गुरुदेव, हम फिर से वहीं आ गए जहाँ से हमने शुरुआत की थी। ऋषि भृगु ने पुनः वराह के लिंग में परिवर्तन किए। उन्होंने उसके लिंग से वे सभी तरंगें निकाल दीं जो नकारात्मक कर्म-इच्छा को प्रदर्शित कर रही थीं। अब उसके लिंग में केवल वे तरंगें थीं जो सकारात्मक कर्म-इच्छा को प्रदर्शित कर रही थीं। लिंग ने एक बहुत सुंदर आकृति धारण कर ली और विष्णुलोक पहुँच गया।

उद्वेग चिल्लाया – गुरुदेव, हमने वराह को विष्णुलोक भेज दिया है। अर्थात अब वह मुक्तिसागर की बिल्कुल सतह पर है। अब वह मुक्तिसागर में प्रवेश करके मोक्ष प्राप्त कर सकता है।" "नहीं उद्वेग," ऋषि भृगु बोले, "विष्णुलोक तो बहुत-सी आत्माएँ पहुँचती हैं। उन्हें लगता है कि वे सर्वोच्च मुकाम पर पहुँच गई हैं लेकिन ऐसा होता नहीं है। ऐसी आत्माओं की कर्म-इच्छा केवल सकारात्मक होती है और उसके साथ-साथ उनमें 'मैं' की सुध भी होती है। वे मोक्ष प्राप्त नहीं करतीं। वे विष्णुलोक में भगवान की सेवा करती हैं। जब भी किसी नश्वर संसार में अच्छी आत्मा की आवश्यकता होती है तो भगवान विष्णु इनमें से किसी एक आत्मा को अच्छाई पुनः स्थापित करने के लिए भेजते हैं। ऋषि भृगु ने स्पष्ट किया।

ऋषि भृगु ने मान लिया था कि वे भगवान विष्णु द्वारा दिया गया कार्य पूर्ण नहीं कर सके। वे भगवान विष्णु के पास गए और बोले – हे प्रभु, मैं वराह को मोक्ष नहीं दे सका। मुझे अब समझ आ गया है कि बाहरी प्रयासों से आत्मा केवल एक देह से दूसरी देह या एक लोक से दूसरे लोक में भेजी जा सकती है। मोक्ष प्राप्त करने के लिए आत्मा को स्वयं यह समझना आवश्यक है कि वह एक अनंत जाल में फँसी है। आत्मा को अपनी पहचान मिटाकर पूर्ण के साथ एक होना आवश्यक है। तभी वह मोक्ष को प्राप्त कर सकती है। अब मैं यह समझ गया हूँ कि जब कोई आत्मा मुक्तिसागर से निकलती है तो उसके आसपास आत्मा को मरणलोकों में भेजने के अलावा कोई अन्य विकल्प नहीं होता।"

भगवान विष्णु मुस्कराए और बोले – "श्रीवत्स... श्रीवत्स... श्रीवत्स... जब ऋषि भृगु ने भगवान विष्णु के हृदय में देखा तो उन्हें एक निशान चमकता नज़र आया। यह निशान था अनंत जाल का चिन्ह, जिसे **श्रीवत्स** कहा जाता है। यह निशान आत्माओं को यह याद दिलाने के लिए है कि वे अनंत जाल में फँसी हुई हैं — और यह भी कि मोक्ष के लिए उन्हें अपनी 'मैं' की सुध को नष्ट करना होगा।

ऋषि भृगु ने हाथ जोड़कर पूछा – हे प्रभु, वह वराह का क्या होगा? क्या आप उसे पुनः मरणलोक भेजेंगे? क्या वह मरणलोक में जीवन-मरण के चक्र से गुज़रेगा?

वराह कौन?" भगवान विष्णु मुस्कराए और बोले – "महर्षि भृगु, वह मेरा ही एक रूप था। वह वराह था जब वह अपने साथ गया था, अब वह अपने वास्तविक रूप में है। मैंने उसे अपने साथ 'लिंग शास्त्र' की रचना के लिए भेजा था। मैं उसे मानवलोक में भेजूँगा, कलियुग में एक उचित समय पर। वह कलियुग में वहीं रहेगा जब तक कि मैं कल्कि अवतार न लूँ।

ऋषि भृगु बोले – हे प्रभु, कलियुग में जीवों का अधिकतम जीवनकाल 200 वर्ष होगा। क्या वह (वराह) अंत तक रहने के लिए देह बदलते रहेंगे? भगवान विष्णु ने उत्तर दिया – महर्षि, वह पत्थर की देह धारण करेगा और वेंकटेश्वर के नाम से जाना जाएगा। वह आत्माओं को कलियुग के अंधकार भरे समय में मोक्ष के राह पर टिके रहने में सहायता करेगा। हे मातंगों, भगवान वेंकटेश इस समय मानवलोक में हैं। उनकी इस कथा को सुनने के बाद आप भी उनके लिंग का भाग बन गए हैं। अब वे आपको मोक्ष की इच्छा पूर्ण करने में सहायता करेंगे। हनुमान जी ने अपना प्रवचन पूर्ण किया। धनुष्का को इस ज्ञान के रूप में एक अद्भुत प्रसाद मिल गया था। वह हनुमान जी के सामने कृतज्ञतापूर्वक झुक गया। चरण पूजा का तीसरा चरण समाप्त हो गया।

7

वास्तविकता क्या होती है, श्री हनुमान जी ने खोला रहस्य

एक अंतराल के बाद चरण पूजा का चौथा सत्र शुरू हुआ। इस सत्र की यजमान थीं जंकीरूपा नामक एक मातंग महिला। उसकी आत्मा को पवित्र करने के लिए हनुमान जी ने ज्ञान के निम्नलिखित शब्द बोले — हनुमान जी बोले — "हे मातंगों, मैं आपको सुलोचना नामक एक भक्त की कथा सुनाता हूँ। अब वह एक बुद्धिमान प्रौढ़ महिला है, लेकिन किशोर अवस्था में वह एक साधारण, नादान लड़की थी। उसकी माता श्री विष्णु जी की सच्ची भक्त थी, इसलिए उसकी माता और उसके परिवार की सुरक्षा की ज़िम्मेदारी मेरी थी।

एक मानव देह को किशोर अवस्था में सबसे ज़्यादा असुरों का ख़तरा रहता है। असुर पहले देह, फिर विवेक, और अंततः संस्कारों पर क़ब्ज़ा करने की कोशिश करते हैं। अगर असुर किसी के संस्कारों पर क़ब्ज़ा कर लें तो उस मनुष्य का देह-मन सदा के लिए असुरों का घर बन जाता है। फिर असुरों से पीछा छुड़ाना लगभग असंभव हो जाता है। अगर हम किसी मनुष्य की तुलना एक राज्य से करें तो संस्कार उस राज्य का मुख्य किला होता है। यदि वह किला जीत लिया जाए, तो राज्य जीत लिया जाता है। किशोर अवस्था में वह किला निर्माणाधीन होता है। इसलिए किशोरों को असुरों से सबसे अधिक ख़तरा रहता है।

वही समय होता है जब मनुष्य स्वतंत्र विचार विकसित करना शुरू करता है। वही समय होता है जब असुर अपने बुरे विचार मनुष्य के मस्तिष्क में रूपित करने की कोशिश करते हैं। सुलोचना भी एक साधारण किशोरी थी। उसने एक ऐसे पुरुष से दोस्ती कर ली जो पुरुष वास्तव में पुरुष की देह में एक असुर था। वह पुरुष उसे उसके माता-पिता की देखरेख से दूर ले गया।

हे मातंगो – यहाँ पर आपको यह समझना आवश्यक है कि असुर कैसे कार्य करते हैं। वह पुरुष पूर्णतया असुरों के कब्जे में था, अर्थात् उसकी देह, मन, विवेक, संस्कार – सब पर असुरों का कब्जा था। उस असुर ने (उस पुरुष के अंदर के असुर ने) एक नादान किशोरी को देखा। उन्हें वहाँ पर बुराई करने का अवसर दिखाई दिया। अंततः उनमें से एक असुर उस पुरुष के देह-मन से बाहर निकलकर उस किशोरी के देह-मन में घुस गया।

यह किला जीतने की तरह होता है। अगर सिपाहियों का एक समूह किसी किले पर कब्जा करना चाहता है तो उनमें से एक सिपाही पहले धोखे से किले के अंदर घुसेगा और अंदर से दरवाज़ा खोल देगा ताकि बाकी सिपाही अंदर घुस सकें। उन असुरों ने भी यही रणनीति बनाई। उनमें से एक असुर सुलोचना के देह-मन में घुस गया। उस असुर ने सुलोचना के मन को कुछ इस तरह प्रभावित किया कि वह उस पुरुष की ओर आकर्षित हो गई और उसका उस पुरुष पर पूर्ण विश्वास हो गया।

उसी समय मैंने सुलोचना की माँ को इस बारे में चेताया क्योंकि उसकी माँ मुझसे भक्ति की डोर से बंधी थी। मैंने उसकी माँ के मस्तिष्क में यह विचार भर दिया कि उसे अपनी पुत्री पर नज़र रखने की आवश्यकता है। मैं सीधे सुलोचना को इस बारे में नहीं चेता सका क्योंकि वह उस समय मुझसे भक्ति की डोर से नहीं जुड़ी थी।

मेरी चेतावनी के पश्चात उसकी माँ को उसकी गतिविधियों पर नज़र रखने का विचार अवश्य आया लेकिन उस विचार पर उसकी ममता हावी हो गई। उसने सोचा – “मेरी बच्ची ईमानदार है। वह कुछ ग़लत नहीं कर सकती।” मैंने उसकी माँ को बार-बार चेताया किंतु हर बार उसकी ममता हावी हो गई।

सुलोचना के मन पर एक असुर ने कब्जा कर लिया था जिसके कारण उसे उस पुरुष पर भरोसा हो गया और वह उसके जाल में फँस गई। जब किसी मनुष्य के तन-मन को असुर चला रहे होते हैं तो उस मनुष्य की आत्मा को शक भी नहीं होता। सुलोचना ने बहुत सारी ग़लतियाँ कीं और उसे इस बात का तनिक भी भान नहीं था कि वे ग़लतियाँ उसने नहीं, बल्कि उसके अंदर बैठे असुर ने की थीं। उसने असुर के कृत्य को अपना मानकर उन्हें अपने ऊपर ले लिया। जागरूक मनुष्य यही ग़लती करता है। असुर उनकी देह का प्रयोग करके काम करते हैं और वे सोच लेते हैं कि ग़लत काम असुर ने नहीं, बल्कि ख़ुद उन्होंने किए हैं। वे इन ग़लत कामों को अपने ऊपर लेते हैं और फिर परिणाम भुगतते हैं।"

सुलोचना को वह पुरुष ले गया और उसने अपने साथियों के साथ मिलकर उसकी देह का नृशंसता से उल्लंघन कर दिया। उसके माता-पिता ने उसे सचेत अवस्था में पाया।

हे मातंगो, जब कोई देह घायल होती है तब उस देह को ठीक करने के लिए सबसे पहले आवश्यकता होती है कि उस देह में रह रही आत्मा को देह ठीक करने की इच्छा होनी चाहिए। अगर आत्मा ही देह को ठीक करना नहीं चाहती तो विश्व की आरोग्यकार शक्तियाँ उसे ठीक करने में कोई रुचि नहीं दिखातीं और देह की क्षति हो जाती है, परिणामस्वरूप देह मर जाती है। जब सुलोचना की देह घायल हुई तब उसकी आत्मा को देह से घृणा हो गई थी। आत्मा

को उस देह में रहने की कोई इच्छा नहीं थी। परिणामस्वरूप वह कोमा में थी और उसकी देह तीव्रता से क्षीण हो रही थी। उसकी माता इस बारे में बहुत दुखी थी। वह अनवरत चमत्कार के लिए प्रार्थना कर रही थी।

उसको बचाने के लिए मैंने भगवान विष्णु जी से प्रार्थना की कि वे विष्णुलोक से कोई आत्मा सुलोचना की देह में प्रवेश करने के लिए भेजें, क्योंकि उसकी अपनी आत्मा उसकी देह को स्वीकार नहीं कर रही थी।

जैसा कि आपने पहले सीखा, विष्णुलोक में ऐसी बहुत सी आत्माएँ हैं जो मोक्ष प्राप्त करने से केवल एक कदम पीछे रह गई हैं। ऐसी आत्माएँ सोचती हैं कि विष्णुलोक ही अंतिम मंज़िल है। भगवान विष्णु आवश्यकता पड़ने पर ऐसी आत्माओं को नश्वर संसारों में भेजते हैं। जब आवश्यकता पड़ी, दीर्घा नाम की एक आत्मा को सुलोचना की देह को धारण करने के लिए भेजा गया।

जब दीर्घा की आत्मा सुलोचना की देह धारण करने वाली थी तो मैंने उसे चेताया — मैंने कहा, हे दीर्घा! सावधान, तुम काल-अस्तित्व के जाल में कदम रखने जा रही हो। जैसे ही तुम सुलोचना की देह धारण करोगी, तुम सुलोचना की पहचान धारण कर लोगी। तुम्हें याद नहीं रहेगा कि तुम दीर्घा हो। तुम्हें यह याद नहीं रहेगा कि तुम्हें यहाँ विष्णुलोक से सुलोचना के आरोग्य के लिए भेजा गया है।

उसने उत्तर दिया — हे प्रभु, मैं इस जाल से सावधान रहूँगी। काल-अस्तित्व के जाल पर विजय पाकर ही मैंने विष्णुलोक में स्थान बनाया है। इसलिए यह जाल मुझे मूर्ख नहीं बना सकेगा। मैंने बोला – हे नादान – तुम्हारे इस अहंकार के कारण ही तो तुम विष्णुलोक में फँसी हुई हो और तुम्हें मोक्ष नहीं मिला है। भगवान विष्णु जी ने तुम्हें यह काम इसलिए सौंपा है क्योंकि इससे तुम्हें मोक्ष प्राप्त करने में सहायता मिलेगी। अगर तुम इस जाल में फँस जाती हो तो मैं तुम्हारी सहायता करूँगा। परमेश्वर का नाम लो और प्रयास प्रारम्भ करो।

जैसे ही दीर्घा की आत्मा ने सुलोचना की देह धारण की, उसकी सेहत में सुधार आने लगा। कुछ महीने बाद, न केवल उसकी देह अपितु उसका मन तथा विवेक भी सामान्य हो गया। अब उसका मन उस भयानक घटना से उबर गया था।

अब दूसरी समस्या शुरू हो गई। जैसे ही सुलोचना के देह-मन सामान्य हुए, उसकी आत्मा की देह के प्रति घृणा समाप्त हो गई। अब उसकी आत्मा उसकी देह में लौटना चाहती थी लेकिन उसकी देह में तो अब दीर्घा की आत्मा रह रही थी।

मैंने अपेक्षा की थी कि जैसे ही सुलोचना की आत्मा उसकी देह को धारण करने के लिए तैयार हो जाएगी, दीर्घा की आत्मा वापस विष्णुलोक में आ जाएगी। लेकिन दीर्घा अपनी पहचान को भूल चुकी थी। अब सुलोचना ही उसकी पहचान बन गई थी। काल-अस्तित्व के जाल ने उसे फँसा लिया था।

जब दो आत्माएँ एक ही देह के लिए लड़ती हैं तो देह की अत्यधिक पीड़ा होती है। सुलोचना और दीर्घा की आत्मा के बीच लड़ाई के कारण उसकी देह अत्यधिक पीड़ा में थी। वह रातों को

सो नहीं पाती थी। दिन में भी उसे अत्यधिक शारीरिक और मानसिक पीड़ा रहती थी और वह अजीब व्यवहार करती थी। लोग कहते थे कि उसको भूतों ने जकड़ रखा है। कुछ लोग कहते थे कि उस पर पिशाच हमला कर रहा है। उसके माता-पिता उसे कई जगह ले गए लेकिन समस्या का समाधान नहीं हुआ। सभी झाड़-फूँक करने वाले यही सोचकर अपने टोटके करते थे कि उस पर कोई बुरी आत्मा का साया चढ़ गया है। लेकिन हकीकत यह थी कि उसकी अपनी आत्मा अपनी देह वापस पाने की कोशिश कर रही थी। उन्हें समस्या के मूल का भान नहीं था इसलिए उनके टोटके समय को और ज्यादा बढ़ाते जा रहे थे।

जब कोई सामान्य आत्मा काल–अस्तित्व के जाल में जकड़ी होती है तो उसे सत्य पहचानने के लिए कई जन्म लग जाते हैं। लेकिन दीर्घा साधारण आत्मा नहीं थी। उसने विष्णुलोक में अपना स्थान बना रखा था, इसलिए उसे उस जाल से निकलने के लिए केवल हल्के से प्रयास की आवश्यकता थी, केवल एक ज्ञानी गुरु ही ऐसा कर सकता था। कोई झाड़-फूँक वाला नहीं।

मैंने दीर्घा के साथ आत्मा संपर्क साधने का प्रयास किया लेकिन आत्मा का मेरे साथ संपर्क पूर्णतया टूट गया था। अब मेरे पास शारीरिक रूप धारण करने के अलावा कोई उपाय नहीं था।

मैंने एक घुमक्कड़ साधु का देह धारण किया और सुलोचना के दरवाज़े पर पहुँच गया। उसकी माता बहुत ही सज्जन महिला थी। मैंने उससे खाना खाने की इच्छा जताई तो वे मुझे सम्मान के साथ अंदर ले गईं और खाना परोसा। जब मैंने उसे आशीर्वाद देना चाहा तो वे बोलीं कि आशीर्वाद उसे नहीं, उसकी बेटी सुलोचना को दे दीजिए। मैं भी यही चाहता था। उसने मुझे सुलोचना के बारे में बताया जो उस समय एक कमरे में बंद थी।

सुलोचना उस कक्ष का दरवाज़ा अंदर से पीट रही थी। यह उसका रोज़ का काम था। वह हिंसक रूप धारण करके आसपास की चीज़ों को तब तक पीटती रहती थी जब तक कि वह थककर निढाल नहीं हो जाती। मैंने तब तक बाहर इंतज़ार किया जब तक कि उसने दरवाज़ा पीटना बंद नहीं कर दिया। उसके बाद मैंने दरवाज़ा खोला और उसे फर्श पर निढाल हुए पाया। अर्थात उस समय दोनों आत्माएँ उसकी देह से दूर स्वप्नलोक में थीं।

मैंने सुलोचना की आत्मा को स्वप्नलोक में व्यस्त रखने का प्रबंध कर दिया ताकि मैं दीर्घा की आत्मा से रूबरू हो सकूँ। जब वह जागी तो उसकी देह में केवल एक आत्मा थी – दीर्घा की आत्मा। दीर्घा मुझे जानती थी, लेकिन वह एक अस्थायी भ्रम में थी। जब उसने मेरी आँखों में देखा तो उसे कुछ पहचाना सा लगा। मैंने उससे पूछा – "तुम कौन हो बच्चे?"

उसने तुरंत उत्तर दिया, यद्यपि थोड़ा झिझक और भ्रम के साथ – "प्रणाम बाबा, मैं सुलोचना हूँ।" मैंने दरवाज़ा बंद कर दिया और उसकी माता को वहाँ से दूर चले जाने को कहा। मैंने रहस्यमयी तरीके से उनके कान में फुसफुसाया – "तुम सुलोचना नहीं, दीर्घा हो।" उसका मन आतंकित हो उठा। मेरा उद्देश्य उसके मन की पकड़ को ढीला करना था ताकि वह मन के साथ अपनी पहचान बनाने के बजाय आत्मा से अपनी पहचान बनाए। मैंने उसे वहीं उसी

भ्रम की स्थिति में छोड़ दिया और कक्षा से निकल गया। मैंने उसकी माता को बताया कि मैं अगली सुबह फिर आऊँगा।

भगवान इन्द्र ने मुझे सूचित किया कि वे सुलोचना की आत्मा को ज़्यादा देर तक स्वप्नलोक में नहीं रख पाएँगे। वह फिर वापस आएगी और अपनी देह को पाने की कोशिश करेगी। मैंने इन्द्र भगवान से आग्रह किया कि कम से कम एक-दो दिन उसे स्वप्नलोक में ही रखें ताकि दीर्घा अपनी पहचान की पुष्टि के लिए अकेले में थोड़ा संघर्ष कर सके।

जब वह (सुलोचना की देह, दीर्घा की आत्मा) कक्ष से बाहर आई तो अत्यंत शांत थी। वह चीज़ों को ऐसे सावधानी से देख रही थी जैसे सब कुछ नया हो। वह अपनी असली पहचान ढूँढ़ रही थी। वह अपने घर से बाहर गई और उस मैदान का निरीक्षण किया जहाँ पर वह बचपन में खेला करती थी। उसे वह स्थान अच्छे से याद था जहाँ पर उसे खेलते हुए चोट लगी थी। वह अपनी उस याद को अपने पैर की चोट के निशान के साथ जोड़ सकती थी। अभी वह किशोरी ही थी और उसके मन में बचपन की यादें अब भी ताज़ा थीं। वह अपने पड़ोस के मित्रों से मिली। वह उस पेड़ के पास गई जिसके नीचे वह खेला करती थी। संसार का हर कोना उसे यह कह रहा था कि वह सुलोचना थी।

मेरे द्वारा उसके कान में फुसफुसाए गए शब्द इतने ताक़तवर थे कि वह शाम तक अपनी उस खोज में लगी रही। वह अपनी माँ के साथ कक्ष में सोया करती थी। सोने से पहले वह टूट गई। रोते हुए बोली – "माँ, मैं इन बाबा लोगों से तंग आ चुकी हूँ। इनमें से किसी को भी मेरी समस्या का पता नहीं चल रहा है।"

आज जो बाबा आये थे उन्होंने कहा कि मैं सुलोचना नहीं, दीर्घा हूँ। यह कैसे संभव है? क्या आपको याद नहीं कि आपने मुझे जन्म दिया था? क्या आपको याद नहीं कि मैंने इसी घर में अपना बचपन गुज़ारा है? कृपया मुझे इस एक और यंत्रणा में न डालें। मैं पहले से ही पीड़ा में हूँ। कृपया इन बाबा लोगों का मेरे साथ प्रयोग बंद करें, मैं आपसे भीख माँगती हूँ। उसकी माँ भी रो पड़ी और बोली – मैं आज के बाद किसी बाबा से सहायता नहीं माँगूँगी। मैं केवल भगवान विष्णु से प्रार्थना करूँगी। तुम मृत्यु-शय्या पर थी, तब उन्होंने तुम्हें नई ज़िंदगी दी थी। मुझे पूर्ण विश्वास है कि वे तुम्हें इस समस्या से भी ठीक कर देंगे।

उस पूरे दिन और रात वह पूर्णतः शांति में रही क्योंकि उसकी दूसरी आत्मा, यानी उसकी अपनी आत्मा को इन्द्र भगवान ने स्वप्नलोक में व्यस्त कर रखा था। इसलिए दो आत्माओं के बीच की लड़ाई उस दिन नहीं हुई।

अगले सुबह मैं उसके घर घूमंतू संत के रूप में फिर पहुँचा। उसकी माँ ने बहुत ही ठंडा स्वागत किया। जब वह चाय का कप लेकर आई तो मैंने पूछा – "सुलोचना कैसी है?

उसने झिझकते हुए उत्तर दिया – बाबा, वह अपने एक रिश्तेदार के यहाँ गई है। जिस संघर्ष के साथ उस भली औरत ने वह छोटा सा झूठ बोला, मुझे हँसी आ गई। मैंने कहा – देवी, सुलोचना कल रात एक अरसे बाद शांति से सोई है, है न? आज मुझे उससे कुछ मिनट बात करने दीजिए, उसके बाद उसकी समस्या हमेशा के लिए ख़त्म हो जाएगी।" वह मान गई।

मैंने सुलोचना के कक्ष में प्रवेश किया, तब वह सो रही थी। वह सपने में झूला झूल रही थी। अचानक झूला टूट गया, उसकी देह को झटका सा लगा और वह उठ गई।

उसने मुझे अपने पलंग के पास बैठा पाया। मैंने मज़ाक में कहा – शुभ समाचार, वह मात्र एक सपना था, यहाँ कोई झूला नहीं है। तुम वास्तविकता में नहीं गिरी हो।

उसे नहीं पता था कि वह कैसी प्रतिक्रिया दे। वह सोच रही थी – इन बाबा को कैसे पता कि मैं क्या सपना देख रही थी? निश्चित ही ये कोई साधारण बाबा तो नहीं हैं।

अब वह मुझसे श्रद्धा और विश्वास की डोर से बंध गई थी। मैंने उससे अपने सपने का वर्णन करने को कहा। वह बोली – "मैं एक ऊँटगाड़ी में बैठी थी और मेरे पापा उसे चला रहे थे। मैं और मेरे पापा खेतों में जा रहे थे – तब मैंने देखा कि मेरे बगल में एक अजीब-सा इंसान बैठा था। उसका अपना चेहरा कंबल से ढका था। वह धीरे से मेरे कानों में फुसफुसाया – तुम शर्मिला नहीं हो, तुम सुलोचना हो'... और फिर... शर्मिला? अब ये शर्मिला कौन है? मैंने पूछा।"पता नहीं... वह मुझे शर्मिला बुला रहा था। तो यहाँ पर तुम्हारा नाम सुलोचना है लेकिन सपने में तुम्हारा नाम शर्मिला था? और वह तुमसे कह रहा था कि तुम शर्मिला नहीं, सुलोचना हो? तुमने उसे क्या उत्तर दिया?" मैंने पूछा।

वह बोली – मुझे अच्छे से याद नहीं बाबा... हाँ... मैं चिल्लाई... ज़ोर से चिल्लाई... मैं बोली – मैं सुलोचना नहीं हूँ, शर्मिला हूँ। तुमने ऐसा क्यों किया? तुम तो सुलोचना हो न? तो तुमने क्यों कहा कि तुम शर्मिला हो, सुलोचना नहीं? मैंने पूछा। अब वह भ्रमित थी। बोली – बाबा, मुझे नहीं पता कि सपने में मेरा नाम शर्मिला क्यों था। वहाँ पर मैं दृढ़ मत थी कि मैं शर्मिला हूँ, सुलोचना नहीं। और यहाँ पर तुम दृढ़ मत हो कि तुम सुलोचना हो। वास्तविकता क्या है? तुम कौन हो? क्या तुम सुलोचना हो जैसे कि लोग तुम्हें यहाँ पुकारते हैं? क्या तुम शर्मिला हो जैसा कि सपने में तुम्हें पुकारा जा रहा था? या तुम दीर्घा हो जैसा कि मैं तुम्हें बता रहा हूँ?

क्या यह भी कोई सपना है? क्या हम इस समय किसी सपने में हैं? क्या कहीं और एक अन्य वास्तविकता है जहाँ तुम्हारा नाम दीर्घा है? मैं बोला – प्रश्न केवल नाम का नहीं है। क्या तुम्हें याद है कि सपने में तुम्हारा रूप कैसा था? तुम्हारे पिता ऊँट गाड़ी में तुम्हारे साथ बैठे थे, क्या तुम्हें उनके चेहरे याद हैं? क्या तुम्हारे सपने वाले पापा यहाँ वाले पापा जैसे दिख रहे थे? उसने उत्तर दिया – बाबा, मुझे नहीं पता कि कैसी दिख रही थी मैं, क्योंकि वहाँ पर कोई आईना नहीं था। लेकिन हाँ... मेरे पापा का चेहरा... म्म्म्म... हाँ... अजीब चेहरा था। लेकिन जब मैं सपने में थी तब मेरा दृढ़ मत था कि वही मेरे पापा हैं। सपने में मुझे उनके चेहरे में कुछ अजीब नहीं लगा।"

हे बाबा... उत्तर दो... क्या अब भी हम किसी सपने में ही हैं? क्या कहीं एक वास्तविकता है जहाँ मैं दीर्घा हूँ, सुलोचना नहीं? मुझे अजीब सा डर सता रहा है – मेरी असली पहचान क्या है? मैंने उसे सांत्वना दी – धैर्य रखो मेरे बच्चे। तुम्हें शीघ्र ही पता चल जाएगा कि तुम कौन हो। पहले मुझे बताओ कि सपने में आगे क्या हुआ। तुम ऊँट गाड़ी में बैठी थी अपने पापा और एक अजनबी के साथ। तुम्हारे चिल्लाने के बाद क्या हुआ?"

उसने उत्तर दिया – "बाबा, उसके बाद अचानक मैं ऊँट गाड़ी चला रही थी। अब मेरे पापा और वह अजनबी गाड़ी मे नहीं थे। उसके बजाय वहाँ पर मेरे पड़ोसी के बच्चे बैठे थे। मैं उनको मेले में ले जा रही थी।"

मैं बोला – तुम्हारे पापा और वह अजनबी अचानक कहाँ चले गए? तुम इस समय अपने बिस्तर में हो। क्या होगा अगर तुम अपने आपको अचानक रसोई में पाओ? क्या तुम पागल नहीं जाओगी कि तुम अपने कमरे से रसोई में अचानक कैसे पहुँची? अगर तुम्हें रसोई में पहुँचना है तो तुम्हें बिस्तर से उठकर रसोई की ओर चलना पड़ेगा। यही इस संसार का नियम है। यहाँ पर एक घटना दूसरी घटना तक पहुँचती है। लेकिन सपने में घटनाओं के बीच रिक्त स्थान होता है। लेकिन फिर भी तुम वहाँ नहीं जाती क्योंकि वैसा होना सपने में सामान्य बात है।

उसने टिप्पणी की – इसलिए उन्हें सपना कहा जाता है बाबा। सपनों में कोई संगतता तथा अनवरतता नहीं होती। यहाँ, वास्तविकता में संगतता है। इसलिए इसे 'वास्तविकता' कहते हैं और उसे 'सपना'।

मैंने उत्तर दिया – वहाँ, सपने में, असंगतता ही नियम है। जब तुम सपनों में होती हो तो तुम असंगतता होने पर पागल नहीं होतीं, क्योंकि वह वहाँ का नियम है, वहाँ पर ऐसा होना सामान्य बात है। सपने भी एक वास्तविकता हैं जिनके अपने नियम हैं। वहाँ पर तुम्हारी पहचान शर्मिला थी, ठीक वैसे ही जैसे यहाँ पर तुम्हारी पहचान सुलोचना है। और भी एक वास्तविकता है जहाँ पर तुम्हारी पहचान दीर्घा है। तुम उस पहचान के बारे में भूल गई हो। तुम्हारा सुलोचना के रूप में किरदार समाप्त हो गया है, अब तुम्हें दीर्घा के किरदार में वापस लौटना है। उसने पूछा – बाबा, मुझे सपने वाली शर्मिला के बारे में तो याद है, लेकिन दीर्घा के बारे में याद क्यों नहीं है?" मैंने उत्तर दिया – वास्तविकताएँ लोगों की तरह होती हैं। यहाँ पर बैठे-बैठे तुम बहुत सारे लोगों को महसूस कर सकती हो। सबसे ज़्यादा तुम मुझे महसूस कर सकती हो क्योंकि तुम मुझे सुन सकती हो, देख सकती हो, छू सकती हो।

तुम्हारे माता-पिता पास वाले कक्ष में बैठे हैं। तुम उन्हें भी महसूस कर सकती हो, लेकिन थोड़ा कम। तुम उन्हें देख नहीं सकती, छू नहीं सकती, लेकिन उन्हें आपस में बातचीत करते हुए सुन सकती हो। उसके बाद पड़ोस में तुम्हारी एक दोस्त बैठी है, तुम उसे देख नहीं सकती, सुन भी नहीं सकती, लेकिन हाँ, अपने दिमाग में उसकी कल्पना अवश्य कर सकती हो। और फिर लाखों लोग हैं इस दुनिया में जिन्हें तुम कल्पना में भी महसूस नहीं कर सकती। वास्तविकताएँ भी कुछ ऐसी ही हैं। अगर कोई वास्तविकता तुम्हारी वर्तमान वास्तविकता से नज़दीक है, उसे तुम सबसे ज़्यादा महसूस कर सकती हो। जब तुम सपने देखती हो, तुम बहुत सारी वास्तविकताओं में जाती हो, उन सभी वास्तविकताओं को समष्टिगत रूप से 'स्वप्नलोक' कहते हैं। तुम उन वास्तविकताओं को जो यहाँ से...

बहुत दूर है कि घटनाओं को याद नहीं रख सकती। तुम्हें अपने सारे सपने याद नहीं रहते। तुम्हें वही सपने याद रहते हैं जो निकट की वास्तविकताओं में घटित होते हैं।

वह वास्तविकता जिसमें तुम दीर्घा हो, वह तुम्हारी इस वास्तविकता से बहुत दूर है। इन दोनों के बीच कोई रिश्ता नहीं है। ये दोनों वास्तविकताएँ एक-दूसरे की अपवर्जक हैं। यही कारण है कि जब तुम इस वास्तविकता में हो, तो तुम्हें उस वास्तविकता का तनिक भी भान नहीं है।

उसने पूछा – बाबा, मैं स्वप्नलोक की वास्तविकताओं में सोने के बाद पहुँच सकती हूँ, लेकिन उस वास्तविकता में पहुँचने के क्या मार्ग हैं जहाँ पर मैं दीर्घा हूँ?" मैंने उत्तर दिया – हे दीर्घा, उस वास्तविकता का नाम विष्णुलोक है। तुम एक आत्मा हो जो बहुत सारे जन्मों के बाद अंततः विष्णुलोक पहुँची हो। विष्णुलोक से तुम्हें यहाँ पर अस्थायी तौर पर एक देह को ठीक करने के लिए भेजा गया था। विष्णुलोक में वापस जाने के लिए तुम्हें इस वास्तविकता से अपने सारे संबंध तोड़ने होंगे। जैसे ही तुम ऐसा कर लोगी, तुम विष्णुलोक पहुँच जाओगी। तब इस देह का क्या होगा? क्या मैं मर जाऊँगी?

तुम्हें वह सब यहाँ छोड़ना होगा जो इस वास्तविकता से है। तुम्हारी देह के बारे में चिंता भी इसी वास्तविकता से संबंध रखती है। तुम्हें इस चिंता को यहीं छोड़ना होगा, मैंने उत्तर दिया। लेकिन मेरे परिवार का क्या होगा? मैं अपने परिवार को नहीं छोड़ सकती। मैं अपने माता-पिता को नहीं छोड़ सकती। मैंने अपनी आवाज़ में थोड़ा सा क्रोध लाकर कहा – पिछले कुछ मिनटों में मैं तुम्हारी चेतना को ऊपर उठाने की कोशिश कर रहा हूँ और तुम हो कि बार-बार नीचे अज्ञानता में गिर रही हो। तुम्हारे सपने में तुम्हारा एक अलग पता था, था कि नहीं? तुमने उसे वहीं छोड़ दिया और यहाँ चली आई। हर वास्तविकता में कुछ लोग होंगे जिनसे तुम्हारे कुछ संबंध होंगे। उन संबंधों को उन्हीं वास्तविकताओं में छोड़ना होता है। जब तुम एक वास्तविकता से दूसरी वास्तविकता में स्थानांतरित होती हो, तो एक वास्तविकता की चीज़ें दूसरी वास्तविकता में नहीं ले जाई जा सकतीं। इन माता-पिता के बारे में चिंता छोड़ दो। जिस वास्तविकता में तुम स्थानांतरित हो रही हो वहाँ श्रीविष्णु ही तुम्हारे सब कुछ हैं। तुम्हें इन माता-पिता के बारे में वहाँ पर याद तक नहीं रहेगा।

उसने झिझकते हुए कहा – **बाबा, मैं आपसे यह आश्वासन चाहती हूँ कि मैं इस वास्तविकता में मरूँगी नहीं, और मेरा परिवार शोक नहीं करेगा जब मैं इस वास्तविकता को छोड़ उस वास्तविकता में जाऊँगी।** मैंने बलपूर्वक कहा – नहीं, मैं ऐसा कोई आश्वासन नहीं दूँगा, क्योंकि वह आश्वासन एक ऐसे बंधन का दलदल बन जाएगा जो तुम्हें यहीं बाँधे रखेगा। आश्वासन और चिंता में कोई अंतर नहीं है — दोनों इसी वास्तविकता की उपज हैं। तुम्हें चिंता और आश्वासन दोनों को त्यागना होगा। प्रश्न-उत्तर, प्रेम-घृणा, पसंद-नापसंद, विश्वास-अविश्वास, आशा-निराशा, चिंता-आश्वासन, सुख-दुख — ये सब इसी वास्तविकता की बुनावट हैं। यदि तुम इनके फेर में पड़ी रही, तो तुम्हें लगेगा कि तुम आगे बढ़ रही हो, लेकिन वस्तुतः तुम इस वास्तविकता से एक इंच भी दूर नहीं जाओगी। तुम्हें इन सभी 'युग्मों' से छुटकारा पाना होगा। मुझसे भी कोई आश्वासन मत माँगना। हर उस चीज़ से संबंध तोड़ दो जो तुम्हें यहाँ बाँधे हुए है। मैं भी इसी वास्तविकता का हिस्सा हूँ — मुझसे भी

अपना संबंध तोड़ दो।

मैं अपने शब्द इतने रहस्यमयी ढंग से बोल रहा था कि वे उसकी आत्मा को भीतर तक झकझोर रहे थे। उसे अपने आसपास की हर चीज़ अजीब लगने लगी। वह एक उन्नत आत्मा थी — उसने सुलोचना की पहचान से स्वयं को शीघ्र ही अलग कर लिया और विष्णुलोक लौट गई।

विष्णुलोक में उसने अपने सामने मुझे, भगवान विष्णु और माता लक्ष्मी को पाया। वह बोली — हे परमेश्वर, क्या विष्णुलोक भी मात्र एक वास्तविकता नहीं है? क्या यह वास्तविकता अन्य वास्तविकताओं से बेहतर है? नहीं, बेहतर नहीं है," भगवान विष्णु मुस्कराकर बोले।

दीर्घा ने अंततः विष्णुलोक से भी संबंध तोड़ दिया। उसने अपनी 'दीर्घा' वाली पहचान भी त्याग दी और परमपूर्णता के साथ एकाकार हो गई — मुक्ति-सागर में विलीन हो गई... उसे मोक्ष प्राप्त हो गया। भगवान विष्णु ने इन शब्दों के साथ मुझे आशीर्वाद दिया — हे प्रिय हनुमान, हमेशा की तरह तुम्हें जो कार्य मैंने सौंपा था उससे कहीं अधिक कार्य कर दिखाया। तुमने केवल सुलोचना ही नहीं, बल्कि दीर्घा का भी कल्याण कर दिया।

हे मातंगो," हनुमान जी बोले, मैंने तुम्हें वास्तविकता के रहस्य के बारे में बताया।" हनुमान जी ने अपनी कथा को विराम दिया।

हनुमान जी ने उत्तर दिया — हे मातंगो, जैसे ही दीर्घा की आत्मा सुलोचना की देह से निकली, सुलोचना की आत्मा — जो इंद्रदेव द्वारा स्वप्नलोक में व्यस्त रखी गई थी — उसी क्षण उस देह में प्रवेश कर गई।

हे मातंगो, ध्यानपूर्वक सुनो — तुम इस ब्रह्मांड का एक सुंदर रहस्य जानने जा रहे हो। जैसे-जैसे मैं यह शब्द बोल रहा हूँ, उस दृश्य की कल्पना करते चलो।

मैं उस समय एक साधु के रूप में सुलोचना के कक्ष में उपस्थित था। उस समय सुलोचना की देह में दीर्घा की आत्मा थी। मैं उसे उसकी उस वास्तविकता से संबंध तोड़ने के लिए प्रेरित कर रहा था। वह सफलतापूर्वक उस देह से नाता तोड़कर विष्णुलोक लौट गई।

उसी क्षण — सुलोचना की आत्मा, जो अब तक स्वप्नलोक में थी — उसी देह में लौट आई।

और सुलोचना मुझसे कहती है — 'बाबा, मैं इस वास्तविकता से नाता नहीं तोड़ सकती। मैं अपने माता-पिता को नहीं छोड़ सकती। मैं अपने परिवार को नहीं छोड़ सकती। मैं ऐसा नहीं कर सकती।'

हे मातंगो, क्या तुमने इस सुंदर रहस्य को समझा?

दीर्घा तो बहुत पहले ही विष्णुलोक पहुँच चुकी थी — अब जो देह में थी, वह सुलोचना की अपनी आत्मा थी, जो कह रही थी — 'बाबा, मैं इस वास्तविकता से नाता नहीं तोड़ सकती।' मैंने सुलोचना को उत्तर दिया — मेरे बच्चे, तुम्हें इस वास्तविकता से कोई नाता तोड़ने की आवश्यकता नहीं है। मैं तो बस मज़ाक कर रहा था। तुम दीर्घा नहीं हो। मैं ग़लत था। मैं

तुम्हें एक पावन भभूत दूँगा, जो मैंने विशेष रूप से तुम्हारे लिए तैयार की है। इस भभूत को तुम लगातार सात रातों तक सोने से पहले अपने मस्तक पर लगाना। मैं वादा करता हूँ — तुम्हारी सारी समस्याएँ सदा के लिए समाप्त हो जाएँगी। आज के बाद तुम्हें वह संघर्ष और वह पीड़ा कभी नहीं झेलनी पड़ेगी।

हनुमान जी बोले — "हे मातंगों," जब मैं उस घर से बाहर निकला, तो सुलोचना ने अपनी माँ से कहा — माँ, वो बाबा बहुत ही रहस्यमयी थे। उन्हें यह भी पता था कि मैं सपने में क्या देख रही थी। पहले तो उन्होंने मुझसे कहा कि मैं सुलोचना नहीं, दीर्घा हूँ। और फिर कहा कि वे गलत थे। उसने उस भभूत को अगले सात दिनों तक हर रात सोने से पहले अपने माथे पर लगाया। उसकी समस्या पूरी तरह समाप्त हो गई — क्योंकि अब उस देह में केवल एक ही आत्मा थी।

उसने और उसकी माँ ने यही सोचा कि समस्या उस भभूत से दूर हुई है। लेकिन सच यह था कि मैंने दीर्घा की आत्मा को उस वास्तविकता से निकाल दिया था। यदि मैंने उसे वह भभूत न दी होती, तो सुलोचना जीवन भर दीर्घा और शर्मिला के बारे में सोचती रहती — और वह सोच ही एक नई समस्या बन जाती।

हनुमान जी ने सुलोचना की कथा को पूर्ण किया। वहाँ उपस्थित युवा मातंगों के मुँह आश्चर्य से खुले के खुले रह गए। बाबा मातंग ने अब यजमान जानकीरूपा के लिए अर्पण की विधि प्रारंभ की।

[Note हनुमान जी द्वारा इस अध्याय में बताया गया "सुंदर रहस्य" क्या है?

आप इस भ्रम में हैं कि आपकी आत्मा यहीं की है, और आपके जन्म से जुड़ी हुई है। लेकिन संभव है कि आपकी आत्मा, दीर्घा की तरह, एक उच्च आत्मा हो जिसे कुछ समय पहले ही इस शरीर को ठीक करने के उद्देश्य से यहाँ भेजा गया हो।

यह पूरी तरह संभव है।

- वह आत्मा जो एक जन्म से दूसरे जन्म में निरंतर रहती है और आरंभ से ही यहीं है — उसे कहते हैं "स्थायी आत्मा।"
- और वह आत्मा जिसे भगवान विष्णु किसी विशेष उद्देश्य के लिए अस्थायी रूप से यहाँ भेजते हैं — उसे कहते हैं "प्रवासी आत्मा।"

तो अब प्रश्न यह है — आप स्थायी आत्मा हैं या प्रवासी आत्मा? आपके पास यह जानने का कोई सीधा मार्ग नहीं है...]

एक पड़ाव, अंत नहीं

इस अध्यात्मिक यात्रा के इस खंड का यह अंत केवल एक पड़ाव है — एक अंत नहीं। जैसे-जैसे आपने हनुमान जी की चेतना के साथ आत्मा, कर्म, और मोक्ष के रहस्यों को समझा, वैसे-वैसे आपने अपने ही भीतर झाँकने की क्षमता विकसित की। यह पुस्तक केवल पृष्ठों का संग्रह नहीं, बल्कि एक दीक्षा है — हर अध्याय एक द्वार, हर रहस्य एक आमंत्रण, और हर संवाद एक दर्पण, जो आत्मा को उसके सत्य से परिचित कराता है।

क्या यह यात्रा यहीं समाप्त होती है? नहीं। यह तो अभी प्रारंभ है। आपके प्रश्न गहराते हैं, और उत्तर अब और भी गूढ़ होते जाएँगे।हमारी यात्रा अब अगले खंड में प्रवेश कर रही है, अगले खंडों में गूढ़ विषय उद्घाटित होंगे। यह यात्रा हनुमान जी के पावन चरणों के साथ तब तक आगे बढ़ेगी — जब तक हर पाठक स्वयं से यह न पूछे:

"मैं कौन हूँ?"

"मैं यहाँ क्यों आया हूँ?"

"क्या मैं भी मोक्ष प्राप्त कर सकता हूँ?"

इस पुस्तक को पढ़ने के लिए आपका आभार। यदि इसने आपके भीतर किसी भी स्तर पर हलचल मचाई है — तो समझिए, यात्रा आरंभ हो चुकी है।

जय श्रीराम।

जय हनुमान।

🙏

निशांत पांडेय